大川隆法
Ryuho Okawa

# 永田町・平成ポンポコ合戦

## 文科大臣に化けた妖怪の研究

# まえがき

人として生き、人の上に立ち、人々の手本になるような人物として歴史に名を遺《のこ》すことは、志《こころざ》しても、そう簡単に叶《かな》うことではない。ましてや、日本史や世界史に名前が遺《のこ》せる偉大《いだい》な存在として、その業績も輝かせつつ、道徳の教科書に載《の》るような人材になることは、至難のわざである。

日本の総理大臣九十六代の名前と同時に、百二十五代の天皇の名前をあげられる人となれば、国民百万人に一人もいないかもしれない。だが、それ（総理や天皇になること）よりも実際には困難な人生だ。

同じように神仏に愛される人間になることも難しい。赤心《せきしん》・至誠《しせい》・無私《むし》にして、時代を前に動かすために命をかけて、刻苦勉励《こっくべんれい》しなくてはならないだろう。人間としては稀《まれ》なる、大いなる「無償《むしょう》の愛」が生まれてくるのを人々は見るだろう。宗教はそうした人物かどうかを映し出す唯一《ゆいいつ》の鏡《かがみ》である。

二〇一四年　十一月二十五日

幸福《こうふく》の科学《かがく》グループ創始者兼総裁《そうししゃけんそうさい》　大川隆法《おおかわりゅうほう》

# 永田町・平成ポンポコ合戦　目次

## 第1部　下村博文氏守護霊の霊言

二〇一四年十一月二十五日　収録
東京都・幸福の科学総合本部にて

## 6　「幸福の科学大学不認可」の理由を改めて問う　122

## 第2部 下村大臣の過去世リーディング

二〇一四年十一月二十五日 収録
東京都・幸福の科学総合本部にて

「霊言現象《れいげん》」とは、あの世の霊存在の言葉を語り下ろす現象のことをいう。これは高度な悟《さと》りを開いた者に特有のものであり、「霊媒現象《れいばい》」（トランス状態になって意識を失い、霊が一方的にしゃべる現象）とは異なる。

また、人間の魂《たましい》は原則として六人のグループからなり、あの世に残っている「魂の兄弟」の一人が守護霊《しゅごれい》を務めている。つまり、守護霊は、実は自分自身の魂の一部である。したがって、「守護霊の霊言」とは、いわば本人の潜在《せんざい》意識にアクセスしたものであり、その内容は、その人が潜在意識で考えていること（本心）と考えてよい。

なお、「霊言」は、あくまでも霊人の意見であり、幸福の科学グループとしての見解と矛盾《むじゅん》する内容を含《ふく》む場合がある点、付記しておきたい。

# 第1部　下村博文氏守護霊の霊言

二〇一四年十一月二十五日　収録
東京都・幸福の科学総合本部にて

下村博文（一九五四〜）

政治家。群馬県出身。第二次安倍内閣において、文部科学大臣、教育再生担当大臣等を務める。早稲田大学教育学部卒業。在学中、小学生対象の学習塾を開設し、十年ほど経営。自由民主党所属の衆議院議員（6期）。内閣官房副長官、文部科学大臣政務官、法務大臣政務官などを歴任。自由民主党では副幹事長、国会対策副委員長、広報局次長、新聞局次長、議院運営委員会理事などを歴任。あしなが育英会の元副会長。

質問者　※質問順

里村英一（幸福の科学専務理事〔広報・マーケティング企画担当〕）

木村智重（学校法人幸福の科学学園理事長）

九鬼一（学校法人幸福の科学学園副理事長）

［役職は収録時点のもの］

# 1 「永田町の論理」を下村文科大臣守護霊に問う

## 繰り返しやって来て持論を言い続ける下村氏守護霊

大川隆法　本日は、何か変な題が付いてしまっていて、さっそく誤解を生みそうな雰囲気が出ております。どうやら〝永田町〟の言葉や考え方、行動パターンが、なかなか〝人間〟には分かりにくいので、もう少し〝人間〟に分かるように説明してもらえないものかという気持ちがあるのです。

「文科大臣に化けた妖怪の研究」というのは決して悪い意味ではありません。今は、妖怪ブームでございまして（笑）、テレビや映画等でも非常にブームが起きていて、人気があるわけです。安倍総理の母方の祖父に当たる岸信介元総理も、「昭和の妖怪」といわれた方で、「妖怪」と付けば、政治家としては「大物」という意味も裏にはあるでしょう。

『広辞苑』には載っていないかもしれませんが、そのような意味もありますので、極めて価値中立的なエポケー（判断中止）的立場で使っており（会場笑）、「いかようにもなる」ようにしているのです。

なお、下村文科大臣守護霊は何度かご登場いただいた方でもあるので、あまり解説は抜きにして、短くしたいと思います。

実は、一昨日の日曜日に、東京正心館を本会場に衛星放送をかけ、政治と教育関係に関しての法話をしたのですけれども（二〇一四年十一月二十三日、「幸福を実現させる成長戦略」と題し、全国衛星中継にて説法をした）、聴いた方はたくさんいらっしゃるようで、昨日の月曜日の午前中には、〝ポンポコ〟でもなく、「妖怪」でもなくて、その大臣の守護霊、あるいは生霊《いきりょう》と言うべき方かもしれませんが、その方が大悟館《たいごかん》に来られて、午前中いっぱいおられ、宗務本部の女性職員三人ぐらいと話をしたのです。

その際、収録して活字にすると、第一巻（『文部科学大臣・下村博文守護霊インタビュー』〔幸福の科学出版刊〕参照）と同じく、向こうが「こんなはずはない」と言うような感じになることを相変わらず言っていました。ただ、人格は一貫しているのです。

やはり、表向きで行ったほうが、言葉が少しきれいになるでしょう。あまり裏で言った言葉を使うと、育ちが見えてしまうのかもしれないので、こちらの幸福の科学総合本部のほうでお聞きしようと思います。

おそらく、選挙戦の前で、言いたいこともありましょうし、最終的に考え方がどのようになっているかということもあるかもしれません。行き違いや考え違い、あるいは、役人を介しての言葉の難しさなどもあるだろうとは考えています。

善意に考えると、場合によっては、官僚を掌握できていない可能性もあり、官僚の言葉と話がつながっていない場合もあるかとは思っています。また、官僚が政治家の言葉を理解せずに言っている場合もありえますので、今日はできるだけ分かりやすくいきたいと考えています。

今日の目標としては、昨日、大臣の守護霊が来ていたわけですけれども、言いたいことを、もう少し分かりやすい言葉で関係者と話していただき、最終的に、「こういう考えなんだ」ということを確認し、「それでよろしいのですね」というあたりまでは行きたいと思います。

## 「霊言は嘘だ」と言いつつ、「有名な過去世をくれ」と言う下村氏守護霊

**大川隆法**　また、大臣の守護霊は、「霊言は嘘だ。偽物だ」と言いつつ、お好きなようではあり、過去世によくこだわられて、毎回言っておられます。冗談ではなくて本当に何回も言っていて、「リンカンの生まれ変わりぐらいにしてほしい」とか、「聖徳太子でも構わない」とか、あるいは、「ソクラテスでも構わない」とか、いろいろ言ってはいるのです。

気持ち的には分からないことはありませんし、そういう人が文科大臣にいたらい

いと思います。さらに上に上がれるような感じもするでしょう。そういうあたりの気持ちもあるのかもしれません。

例えば、菅官房長官も、最初は凡庸《ぼんよう》に見えたのですが、当会の霊言集で、「（過去世は）赤穂浪士《あこうろうし》、四十七士の大石内蔵助《おおいしくらのすけ》だ」という話が出ると（『誰もが知りたい菅義偉官房長官の本音』〔幸福実現党刊〕参照）、急に引き締まって、何か後光《ごこう》が射して見えてきました。マスコミのほうからも尊敬され始めて、「名軍師」という言葉がたくさん使われてき始めたわけです。

どうやら、当会の霊言集はかなり効き目があるらしいということで、（下村文科大臣守護霊には）「ちょっとは、そのように言ってくれてもいいんじゃないか」といった甘えというか、願いというか、そのようなものがあるのかもしれません。

さらに、守護霊がよく出てくるわけですが、まったくの外部の方だと来れないところに、この出方を見るかぎり、ある意味では、二十年以上、当会の会員でいただけのことはあって、〝変形したかたち〟ではあるものの、何らかの信仰心があるのかもしれないとは思っています。「彼が思うようには、当会とうまく関係がつながっていない」というようなところもあるのでしょう。行き違いや誤解など、いろいろあるのかもしれませんので、今日は、そのあたりも含めて研究したいと思います。

なお、本人が要求しておりますので、第二部で可能ならば、当会の指導霊であるエドガー・ケイシーにリーディングをお願いしたいと考えています。本人の言う言葉を、そのまま載せるには忍びないものがあるので、第三者に、「過去世が、どのように見えますか」と訊いてみます。

ただ、これも確定できるかどうかは分かりません。人によっては、〝透明マント〟を何重にも着て、分からない人もいないわけではないのです。当会にも、そういう方はいるので（会場笑）、判明しない場合もあるかとは思いますが、それらしい雰囲気というか、「このあたりだろう」という感じは出るのではないでしょうか。

彼の「リンカンの生まれ変わりでもおかしくない」という理解と、世間が見る目、あるいは、当会が見る目が、どのぐらいずれているか、あるいは、近いかは、一回調べてみたいとは思っています。

前置きはこのぐらいにして、早めに入ります。

それでは、文科大臣、下村博文さんの守護霊をお呼びいたします。何かとご意見がおありのようでございますので、どうか、本人が後悔のないようなフォーマルなお言葉をお使いになられて、幸福の科学に言いたいこと、大川隆法に言いたいこと、あるいは、その他、活動について言いたいこと等がありましたら、お伝えくださいますようお願いします。

昨日、仄聞《そくぶん》したところによりますと、たくさんのＳＰや私服刑事等を連れて〝大名行列〟をされているとのことでございますが、当会はそんなに恐ろしい団体ではございません。決して、山口組でもなく、暴力を主とする宗教団体でもございませんので、全然、そういう必要はありませんから、どうぞ、安心してご本心を語っていただき、理解が通じればよろしいと思います。万一、千人に一人ぐらい、ファナティック（熱狂的）な方が出てきたとしても、「主エル・カンターレを信じています」

と言えば、それで止まります。何も危害を加えられることはございませんので、どうか平和的にお話しできれば幸いかと思います。

（手を一回叩く）下村文科大臣の守護霊よ。

どうぞ、幸福の科学総合本部に出てきてくださり、そのご本心を明かしたまえ。お願いします。

（約五秒間の沈黙）

## 2 「事前の〝挨拶《あいさつ》〟が足りない」と言う下村氏守護霊

### 幸福の科学大学不認可は、「私が判を押すまでもなく、下で決まっていた」

里村　おはようございます。

下村博文守護霊　うん。

里村　下村さんの守護霊様でいらっしゃいますでしょうか。

下村博文守護霊　うーん、「様」だよ。

里村　はい。まあ、選挙前ということで、お互い、たいへん忙しいときに、今日はお出でいただきました。

下村博文守護霊　うーん、そうだね。

里村　ただ、そういうお忙しいときにもかかわらず、昨日もまた、幸福の科学教祖殿大悟館のほうにいらっしゃったということで、何か言いたいことでも……。

下村博文守護霊　まあ、それだけ、「格がある」っていうことだな。

里村　はい？

下村博文守護霊　まあ、「神様としての格がある」っていうことだ。

里村　お願いか何かに来たんですか？

下村博文守護霊　うん？　だから、前の日に、ちょっと〝失言〟が全国に放送されたようではあるので（前掲法話「幸福を実現させる成長戦略」）。

里村　ほう。

下村博文守護霊　わしの耳にも、十個ぐらい、いろんな意見が入ってくるのでさあ。やっぱり、多少、正しておかねばならんからねえ。

里村　「失言」というのは、下村さんから見ると、どの点が失言ですか？

下村博文守護霊　基本的には、全部失言なんだろうとは思う、「私に関すること」に関してはな。

里村　でも、決して、下村さん個人の話が出たわけではないんですけれども。

下村博文守護霊　うーん……、でも、まあ、文科省関連の話が出たんじゃないか。

里村　はい、出ました。教育関連の話題のところで出ました。具体的にどういう点を、「失言」として、やはり言っておかねばならないと？

下村博文守護霊　だからまあ、それは、幸福の科学がみんなに、平《ひら》に謝ればよかっただけのことだわな。

里村　平に？　みんなに？　国民にですか。

下村博文守護霊　国民っていうことはないが、まあ、どうせ会員だろ？

里村　はい？

下村博文守護霊　おたくの会員相手だろ？　うーん。謝ったらよかったんだ。それだけのことじゃない。

里村　どのように謝ると？

下村博文守護霊　私は、法に則って、客観的、公正中立に判断しただけであって、何ら、あなたがたに言われるような筋合いはなかったもんですからね。

里村　そうしますと、今までに幸福の科学大学不認可の決断に関して幾つかの霊査が行われ、下村さん守護霊ご自身も、まるで、自分の決断ではなく、ほかからそういう方向性が来たかのようにもおっしゃっていましたけれども、今回は「自分が出した決断だ」とお認めになるわけですね？

下村博文守護霊　うん？

里村　「自分が決定したものだ」と。

下村博文守護霊　いや、そんなことないよ。そういうことじゃなくて、日本はボトムアップだからね。下のほうで決めてきて、最後に上のほうで、めくら判を押すのが日本のシステムだからね。私が判を押すまでもなく、下で決まっていたということとだな。

里村　そうすると、法に則っていようがいまいが、下から上がってきたものに、〝めくら判〟を押されたと？

下村博文守護霊　うーん。めくら判って、最終、もう決まってるからね。うん。活字になってるからね。

里村　「決まっていた」というあたりとか、この間の交渉のズレと思われるところがあるので、今日はぜひ、そのへんについて少しお伺いしたいと思います。

下村博文守護霊　うん、たぶんね。それはあるだろう。

「文科大臣就任のときに、〝木の葉〟を積む必要があった」

里村　そうしますと、今回、幸福の科学大学が申請した段階で、下村大臣のご認識としてはどういう方向だったのですか。

下村博文守護霊　うーん、まあ、〝挨拶〟が足りんわな。まずな。

里村　挨拶？　ほう。

下村博文守護霊　君らは、なんか、会社と会社が契約でもするようなつもりでやってたんじゃないのか。

里村　私どもも、いきなり大臣に挨拶というのも失礼かと思ったんですけれども。

下村博文守護霊　そうなんだよ。「いきなり」じゃなくて。「（挨拶が）遅い」んだよ。大臣就任のときに〝挨拶〟が要ったわけよ。

里村　どのような挨拶が欲しかったのでしょうか。

下村博文守護霊　そういう大学の計画があったんだろう？

里村　はい。

下村博文守護霊　だから、具体的にそれを申請するときでなくて、それじゃ遅いわけよ。申請のときなんていうのは見え見えじゃないですか。

そうじゃなくて、申請する気があったんなら、私は、「ほかのところの大臣をしろ」と安倍さんに言われたのに、もう断りに断ってだなあ、君たちのために文科大臣のほうを執着して取ったわけだから、大臣就任のときに、「おめでとうございます。ささやかでございますが……」と、まあ、一升徳利《いっしょうとっくり》は要らんけども、ささやかな〝木の葉〟の山を積んで持ってくると。そういうことは必要だったんじゃないかなあ。うーん。

里村　そうすると、〝挨拶〟ですね。もちろん、言葉だけじゃなくて……。

下村博文守護霊　うん、だから、関係がないからね。「大臣就任のご挨拶兼お祝い」ということであるからね。

里村　お祝いを携えて……。

下村博文守護霊　大学に関係なく、大臣（就任）のときにまず挨拶に来なきゃいけない（机を手で三回叩く）。

そのあと、やっぱりですなあ、どこかお日柄のいいときを見て、「大臣には、また今後ともよろしくお願いします」と、教祖が一席設けて、何の業務的な内容も関係なく、一献傾けてお話をして、「今後ともよろしくね」というだけの会話をして、お別れして。

それからしばらくして、だんだんに、じわじわと、「急ではございますけれども、お願いができまして」ということで、学園の理事長あたりが〝菓子折り〟ぐらい持って訪ねてくると。

まあ、このへんの手順が、基本的な手順であってね、永田町のね。

里村　はい。永田町の……。

下村博文守護霊　君たちは会社の契約みたいに、今日書類を送って、「今日承認しろ」みたいな、そんなところがあるからね。駄目だね。

## 〝菓子折り〟や〝コーヒー代〟を要求する下村氏守護霊

里村　大臣のところにそういう〝菓子折り〟を持っていかれた方のスキャンダルが、最近、にわかにあちこちで出始めていますけれども（笑）（注。下村博文文部科学大臣が代表を務める自民党東京都第十一選挙区支部〔板橋区〕が、文科省から補助金を交付した二つの学校法人から計十万八千円の献金を受けたことや、内閣が進める「教育再生実行会議」のメンバーが代表者を務める企業を含む、進学塾や予備校などから二〇〇五～二〇一一年の七年間で、一千三百万円近い献金を受け取っていたこと等が報じられている）。下村さんとしては、それが当然だったという思いでしたか。

下村博文守護霊　うーん。あんな程度のは〝菓子折り〟にも値しないな。まあ、〝せんべい〟をちょっと持ってきたぐらいのもんだわなあ。〝菓子折り〟というほどのもんではない。

里村　報道では、「十万円」だとか、人によっては、「百三十万円」という話も出ていました。

下村博文守護霊　最近、団扇《うちわ》とかあんな変なので引っ掛かったやつがおるからさあ。相場が下がってしまって、ちょっと困ってるのよ。〝菓子折り〟っていう場合は、普通は「五」とかねえ、「五」のあとは「千」がついて、「万」がついて、〝一本〟とかですね。まあ、〝菓子折り〟っていうのは、だいたい、このぐらいからを言うんであって。

あるいは、ドンドンドンッというんでもいいわなあ。銀行経験者だったら、どのぐらいの量で、どのぐらい入るかぐらいは、だいたいは分かるやろう。なあ？

木村　前回、確かワールドメイトの、塾も経営されている深見東州さんから、個人献金で、三百万円を頂いておられたというのが……。

下村博文守護霊　うーん。三百万だったら、ほんとねえ、ポケットマネー。三百万っていうのは、政治家にとっては〝喫茶店代〟なんですよ。「〝コーヒー代〟です」と言うて渡すのが、三百万だ。

里村　ずいぶん、高いコーヒー代ですね。

下村博文守護霊　ええ。そうですよ。だから、三百って言ったら、〝一ドル〟だよね。〝一ドル〟。

## 医学部新設決定に際しても、〝何本〟か頂いたのか

九鬼　参考までにお伺いしたいんですけれども、東北のほうの大学で医学部の新設を決定されるとき、下村さんの後援団体である博友会のパーティーでご挨拶を受けていた写真が、写真週刊誌「フライデー」の十月の発刊号に載っていましたが（注。「フライデー」〔十月十七日号〕が、下村氏が東北薬科大の高柳元明理事長からお辞儀をされた様子を掲載した）、あそこでは、いったい、〝何本〟ぐらい頂いていたのでしょうか。

下村博文守護霊　うーん。もう、過去のことは、あんまり覚えてないんでねえ。私は、いつも、現在に生きてるからねえ。現在ただいまに生きてるから。だいぶニュースとしては古くなったからねえ。まあ、そら、よく調べてもらわんと……。

九鬼　でも、今年の決定でございますので（苦笑）。

下村博文守護霊　え？　え？

里村　九月の話ですけれども。

下村博文守護霊　だから、もう、終わったあとなんじゃないの？　あれは。うん？　前だったかなあ？

里村　いえいえ。決定が出て、その直後に……。

下村博文守護霊　ああ、それは、政治家としてパーティーに駆けつけて祝賀するのは、当然の義務だろうねえ。

里村　東京十一区の板橋の方が、なぜ、仙台に行かれるのですか。仙台に博友会支部をつくられて。

下村博文守護霊　やっぱり、追っかけファンっていうのは、どこにだっているでしょう。

里村　いや（苦笑）、逆ですよ。下村さんのほうが追っかけていらっしゃるんですよ。

下村博文守護霊　え？　私が追っかけて？　ああ、そう？　うーん。

九鬼　要するに、仙台で医学部をつくる案件があったので、そこでパーティーをされたということではないのですか。

下村博文守護霊　まあ、そうなんじゃないの？　あっちは被災地に近いところだからねえ。医学部は必要でしょう。

里村　必要ですよ。だけど、博友会仙台支部は必要なんですか。

下村博文守護霊　必要だから。お礼に来る人がいっぱいいるでしょう。そしたら、やっぱりちゃんとした受付をつくっとかないと、まずいでしょう？

里村　お礼に人が来るというよりも、ご自身が行かれているんですよね？

下村博文守護霊　いや、だから、私は象徴として……。天皇陛下、皇后陛下もお回りしてるし、首相も回ってるから、やっぱり、文科大臣も回らなきゃいけないからね。

里村　今回の東北の医学部もいろいろな経緯があったわけです。そうすると、この大学とは仮定しませんけれども……。

下村博文守護霊　まだ、（大臣を）二年しかやってないからね。そんなに、たくさんはやれてないよ。

里村　ただ、いろいろな方面から、きちんと挨拶に来ているわけですから。

下村博文守護霊　だから、お互いねえ、人間にはコミュニケーションが大事なんだよ。コミュニケーションがね。

「札束かいな」と思ったら、「霊言集だった」

里村　そうすると、下村さんの認識としては、「来るはずの挨拶がない」と。それで、最初からおかしいと思われていた？

下村博文守護霊　まあ、そうなんだよなあ。君らさあ、いざ認可のときに書類だけを持ってきて、あとは霊言集を山のように積み上げて郵送してくる。こんなのは、君ねえ、日本的流儀にまったく適ってないんだよ。何なんだ、これは。ええ？（来たのが）「札束かいな」と思ったら、「霊言集だった」とか、ほんと、ええかげんにしろよ。ほんとね。

里村　でも、おかしいですね。日本式というか、それは永田町や霞が関はそうかもしれませんが、書面で審査ということで、私たち大学側のほうは、きちんと手順を踏んでいます。

下村博文守護霊　人材が不足してるな。そういう〝政治的な理解〟ができないっていうところに、人材の不足を感じるね。

里村　そうしますと、今年、いよいよ書類審査に入るという段階で、下村大臣としては、どういうお気持ちでいらっしゃったのですか。

下村博文守護霊　それはもう、私が乗ってるかぎり、幸福の科学は大船に乗ったつもりでいていいんじゃないかと思っておったけど、君たちが、あんまり下手なんで。何て言うかねえ、〝交通ルール〟ぐらいちゃんと読んで、「自動車の教習所で免許を取る」ぐらいのことができないのかっていうの。まことに残念だねえ。ほとんどの人は〝筆記試験〟は合格するんだけどなあ。〝筆記試験〟に合格しないんじゃなあ。

だから、〝実技〟まで行かん。〝筆記〟で落ちちゃうんだからさあ。しょうがねえや。

木村　今日は、いろいろと交渉などの認識のズレを教えていただければと考えているのですが、いちばん大きな点はそこにあると？

## 女性をくどく例を出して「手順」を説明する下村氏守護霊

下村博文守護霊　まあ、君らは、「ほかのところがどういうふうに動いてるか」の研究が足りないんじゃないかなあと思うんだよな。大学の審査なんて、形式審査なんですから、事実上はどんなもんでも通るんですよ。ちゃんとした手順さえ踏んどれば。

里村　手順を踏みましたよ。

下村博文守護霊　落としたんだよ、何か手順を。

里村　きちんとした手順？　後学のために聞かせてください。

下村博文守護霊　いや、落としたんだよ。手順を。落としたのよ。君ねえ、女性だって手順を踏めば、ちゃんと納得するんですよ。

里村　いや、女性の話ではございません。

下村博文守護霊　君ねえ、いきなり青空の下で、土手で押し倒されたら、女性だって誰だって、逃げますよ。好意を持ってても、それは逃げます。君らがやったことは、そういうことなんですよ。

里村　ということは、逃げられたわけですか。

下村博文守護霊　ええ?

里村　「これは駄目だ」と思って、逃げたのですか。

下村博文守護霊　役人っていうのは、基本的には、もう、〝女性〟ですから。基本的には女性って……、「女性」っていう言い方は失礼かも。「御殿女中」っていうような感じですからね。

里村　はい。

下村博文守護霊　まあ、そういうふうに見えるわけよ。事前の〝あれ〟がなくて、いきなり押しかけてこられて、いきなり要求されたら、無理やり襲われたように見えるわけ、役人の場合。

里村　はい。

下村博文守護霊　事前に、ちゃんと〝サウンド〟があって、政治家のほうからも、「こういうのが次に来るからね」「そのときには、よろしくね」っていうお言葉があってだね、「分かりました」ということになる。「どういう方が来るんですか」「ああ、そうですか」っていうことを聞いてて、待ってて、〝あれ〟をする。それが手順なんだな。

九鬼　私どもとしては、手順を踏んでいたかと思うのですが。

下村博文守護霊　いや、踏んでない、踏んでない。

それで、終わったあとも、〝後始末〟がない。終わったあとは、「下村博文を総理大臣にする会」の〝援軍〟をつくって、あちこちでパーティーとかいろんなものを立ち上げて、応援団をつくっていく。これが、〝後始末〟の部分ね。君らは、「（下村博文を）落とす会」を一生懸命につくってやってるみたいじゃないか。ええ？

里村　いやいや、「落とす会」なんてつくっていませんよ（苦笑）。ありませんから。

下村博文守護霊　もう、全部、正反対なんだよ。

「まともなルートから来たら、チェックされるに決まってる」

九鬼　申請の二年前から事務相談を進め、それから、「大臣と直接」というわけにはいかないので、自民党の有力な議員の方を通じて、大臣とのアポイントのお願いを申し上げたのですが、全部、断られていたという実態がございます。

下村博文守護霊　そんなねえ、人が知っているようなアポイントメントなんか、受けれるわけないでしょう？

里村　いや、ただ、ほかならぬ方ですよ。もう、今日は名前を出しますが、総理側近の萩生田《はぎうだ》議員という方を通じて……。

下村博文守護霊　そんなんねえ、駄目ですよ。

里村　駄目？

下村博文守護霊　だって、あんなのを通じて来たらねえ、「お金」を持ってこれないじゃないですか。

里村　いや、そんなことは関係ありません。

下村博文守護霊　秘書官の人が知ってるなら、駄目じゃないですか。あんたねえ、それは、人に分からないように、人手を介してやらなきゃ駄目じゃないですか。

九鬼　そうですか（苦笑）。

下村博文守護霊　バッカじゃない？

里村　そうすると、今日、最初から最後まで、ずっとおっしゃっていることは、「お金」のことばかりですよね。

下村博文守護霊　あなたね、政治をやってる場合、後援会とか、いろんなところがあるんだからさ、それに関係のある第三者を絡ませて、いろいろと話をグルッと回して、密かにやれるように手はずを整えなきゃ駄目なの。こういう利害が絡んでるものについては（机を叩く）、特に注意しなきゃいけないわけで、そんなまともなルートから来たらねえ、チェックされるに決まってるじゃないか。バカじゃないか。

里村　ええ。そうすると、もう、そっと裏口からでも入ってきて……。

下村博文守護霊　「そっと」って、もう、当然、計画的にそうすべきでしょ？

里村　「計画的に」ですね。

下村博文守護霊　どこだってやってることですから。

里村　はい。

下村博文守護霊　だから、あんたがたが考える〝田舎学者〟でも、そのくらいのことは考えるんだから。

九鬼　それは、法律に違反する行為ではないのですか。

下村博文守護霊　いや、それは全然違反しないです。まったく関係なく動くわけですから。関係なく動いているので。

里村　ただ、先ほどから、われわれが聞いていると、まるで「賄賂の要求」のようにしか……。

下村博文守護霊　いや、そんなことは全然ありません。まったく関係ないです。書類と〝紐付き〟ではないんですから。

里村　はい。

下村博文守護霊　書類とはまったく関係なく、〝紐付き〟でなく、交流を温めるためだけの話ですから。

里村　いや、ある意味で、そこがつながらないようにするために、「審議会政治」がつくられていると思うのですが。

下村博文守護霊　ええ。

里村　直接、賄賂にならないようにつくられていると思うのですよ（苦笑）。

下村博文守護霊　うーん。

里村　だから、それを、うまく利用すればよかったということですね？

下村博文守護霊　うーん。だから、君たちは、システムを理解してないんだね。

里村　おお……。

下村博文守護霊　やっぱり、基本的にな。

## 3 「是正意見」や「警告」の意外な〝真意〟

### 「是正意見が一件幾らになるか、計算しなきゃ駄目だ」

里村　話を進めます。最初は、その〝挨拶〟がなく、いよいよ審査が始まったわけですが、その段階で、ちょっと、通常では考えられないぐらいの是正意見などが、審議会のほうから出てまいりました。

下村博文守護霊　だから、それはね、「（是正意見に対して）一件当たり幾らになるか」ぐらいの計算をしなきゃ駄目なわけだよ。

里村　あらっ！

下村博文守護霊　クレームが一個あったら、幾らかって……。「この計算が立たない」っていうんなら、君らは知能が足りないね。ＩＱ七十五以下だね。

里村　一件……（苦笑）。一件当たり、お幾らぐらいで……。

下村博文守護霊　まあ、小さな案件の場合は、一件十万ね。

里村　はい。

下村博文守護霊　大きな案件は、だいたい、一件百万以上っていうことですね。

里村　（苦笑）

九鬼　ああ……。

里村　「金額」など、今日は具体的に来られますね（笑）。

下村博文守護霊　うーん。

「収賄罪の構成要件」に当たるのではないのか

九鬼　いや、それこそ、公務員の職務に関し……。

下村博文守護霊　「（是正意見が）たくさんついた」っていうことは、「（お金が）たくさん要る」ということだよな。それは、計算したら分かることだな。「『警告』ってついたら一千万以上」っていうことだよ。「警告」とついたら……。

九鬼　それは、請託を受けて賄賂を収受したものではないのですか。収賄罪の構成要件に該当します。

下村博文守護霊　ええ？　そんなことないよ。だから、私は、あくまでも比喩的に言ってるだけの話ですから。

九鬼　比喩って、そのものでは……（苦笑）。

下村博文守護霊　だって、いやあ、「警告」ってついたら、もう、免許停止が近いわけですから。それは、もう大変でしょう。ドライバーにとって免停っていうのは大変なことですからね。商売で運転しなきゃいけない人は、もう、それで商売が終わりでしょう？

里村　はい。

下村博文守護霊　そういうことでしょう。免停は大変だねえ。魚屋さんだって、もう、築地に仕入れに行けなくなるよね。

里村　あっ、なるほど、そこで分かった。途中で……。

下村博文守護霊　「警告」って見たら、これは、「一件当たり一千万を超える」っていうのは確実ですよ。

「永田町の流儀」が分かるまで「あと五年はかかる」？

里村　いや、分かりました。大臣、分かりました。

下村博文守護霊　うん。ああ。

里村　そうすると、「〝挨拶〟が足りないよ」という意思表示が、あの意見の多さだったわけですね。

下村博文守護霊　そらあ、そうなんだよ。数を見たら分かるでしょう。

里村　「ここで、（幸福の科学は）分からなかった」と。

下村博文守護霊　「これで、金額計算ができない」ってところは、知能が足りないね。

里村　はあ……。

下村博文守護霊　だから、それが分かるまで、あと五年はかかるのではないかと思ってるわけよ。

里村　はあ……（会場どよめく）。そういう、永田町の〝流儀〟が……。

下村博文守護霊　君たちが社会的に〝成長〟して、チンパンジーから人間までいくのには、あと五年はかかるんじゃない。これくらい経《た》ったら、分かるんじゃないかなあ。

里村　うーん。「五年」の話は、また、あとで出てくると思いますけれども……。

下村博文守護霊　ああ。そうか、そうか。

里村　下村大臣の一つの意図が、そういうかたちで……。

下村博文守護霊　それだけ社会的に成熟してないと、大学を開いて、ほかのところとも付き合いをしながら……。まあ、例えば、親御さんや、いろいろな産業、いろいろな業界とも付き合い、会社とも付き合い、役人とも付き合いいつつだね……。大学っていうのは、いろいろなところと、社会性を持たないといかんからね。

里村　ええ。

下村博文守護霊　だから、そういうふうな〝社会的な判断〟ができるようにならないと無理で……。特に、将来、医学部をつくろうなんて思うと、それには、もっともっと、十倍ぐらいの〝知能〟が必要ですよ。医学部は、「利権の塊」ですからね。医学部をつくるなんていうのは、大変な……。

里村　利権の塊ですか。

下村博文守護霊　『白い巨塔』なんていうのは、古すぎるんですから。今は、あんなもんじゃないんだから、そんな単純に考えちゃいけないよ。医学部なんかをつくろうと思ったら、緻密な計画が三十年ぐらい前からないと駄目だよ。

里村　今回、東北でも、そのせめぎ合いがすごかったようです。そうすると、いろいろなところが、〝挨拶〟に来られたのではないですか。

下村博文守護霊　うーん。あははは（咳払い）。まあ、そらあ、〝挨拶〟はあるだろうけど、直接っていうのは、なかなかないわね。直接っていうのはないわな。

里村　人を介して、ですね？

下村博文守護霊　普通は、間接の間接だね。

里村　今の話を聞いて、「なぜ、五月に意見があんなにたくさんついたか」が、よく分かりました。

下村博文守護霊　だからね、君らは全然、〝挨拶〟が足りてなかった。

里村　〝挨拶〟が足りなかった……。

下村博文守護霊　うん。まったく足りてない。

「下村氏守護霊の霊言」の発刊は「宣戦布告だ」

里村　その後、六月の上旬に、下村大臣の守護霊様の霊言（前掲『文部科学大臣・下村博文守護霊インタビュー』参照）が出ました。あれについては、どのように受け止められました？

下村博文守護霊　あれは、〝挨拶〟に「ご」がついて、君たちの〝ご挨拶〟で……。

里村　はい。〝挨拶〟です。

下村博文守護霊　これは、「宣戦布告の〝ご挨拶〟」に見えましたねえ。

里村　宣戦布告？

下村博文守護霊　うん。

里村　なぜ、あれが、「宣戦布告」なのですか。

下村博文守護霊　ええ？　だって、お願いする先に、悪口を書いて送るっていう人は、どこの世の中を見ても……、ビジネスの世界にだっていないでしょう。いくら何でも。

里村　いや、悪口を書いたのではなくて……。

下村博文守護霊　手切れ、手を切る場合しかないじゃないですか。

里村　ちょっと待ってください（苦笑）。

下村博文守護霊　〝抜け忍〟か、そういう、ヤクザが抜けるっていうときの〝あれ〟だよなあ。「指を詰めるかどうか」の瀬戸際だよ。

里村　いや、悪口は書いていませんし、言ってもいないですよ。あれは、守護霊様の、つまり、あなたの話をそのまま載せたのです。

下村博文守護霊　そんなことないよ。「そのまま書いた」っていうことが悪口なんだよ。

里村　そのまま書いたものが？

下村博文守護霊　うん。だからね、編集局がある以上、それは編集局できちんと見事に、きれいに修正すべきであってね。そんなの、どこでもやってることじゃないですか。

「宗教は票になるし、カネになるし、使いでがある」

里村　ただ、私どもとしては、地上にいらっしゃる下村さんは、広い意味で、いろいろな信仰心というものをお持ちですし……。

下村博文守護霊　うん。あってあって。ものすごくある……。

里村　「今の永田町でも霊がいちばんお好き」という評判もありますし……。

下村博文守護霊　ええ。そうよ。そうなんだよ。

里村　だから、十分、お分かりかなと思ったのですけれども。

下村博文守護霊　いや、「君たちの信仰心」と「私の信仰心」の定義が、ちょっと違うだけだろうとは……。

里村　宗教について、どのようにご覧になっているのですか。宗教とは、どういう存在なのですか。

下村博文守護霊　それは、宗教は大好きですよ。

里村　はい。

下村博文守護霊　宗教は、票になるし、カネになるし……。

里村　うん？

下村博文守護霊　権力のもとになるし、圧力団体にも使えるし、それから、自分の政敵に対して、けしかけることもできる。宗教は使いでがありますよ。

里村　宗教は利用価値が高い？

下村博文守護霊　うん。それは、高いですよ。

「帰依《きえ》するということは、宗教を使えるようにするということだ」

里村　帰依するとか、信仰するとかいうことに関しては、どうでしょう?

下村博文守護霊　ええ?　帰依っていうのは、(宗教を)「使えるようにする」っていうことでしょ?

里村　(驚いて)え?　帰依が、「使えるようにする」ということなのですか?

下村博文守護霊　うん。ツーカーになって、宗教を使えるようにするんだよ。君らには、〝常識〟がないんだよ。ほかの宗教団体っていうのは、大臣クラスになったら、教祖直々にご挨拶をして、冠婚葬祭、その他、折々のご挨拶っていうのを、きちんとやるもんなんですよ。

里村　はあ。

下村博文守護霊　まあ、総裁が現金を持ってやって来るっていうような、そんなわけには行きませんよ。

だから、そんなんじゃなく、料亭で、掛け軸だとか骨董品だとか、値打ちもので、普通の人が見ても、全然、値段が分からないようなものを持ってきて、「私は芸術を愛しています。先生には、こういう風流の心を分かっていただけると思うんですよね」みたいな芸術談議をして、別れるもんなんですよ。

里村　お待ちください。ただ、宗教における信仰というものは、大臣であろうが、一般の庶民であろうが関係なく……。

下村博文守護霊　それは、君らの勝手ですよ。

## 4 「大臣は法治国家の外側の〝支配階級〟だ」

### 「公務員の憲法遵守義務」は「建前に決まっている」

里村　神仏の前に、同じ立場で、平等に、手を合わせて拝むものであると思うのですが、そういう考えはないのですか。

下村博文守護霊　うん。そんなのはないんだ。それは建前。それは、君ねえ、株式会社がわざと逆三角にしてさ、「株主を上にして、その下に取締役会があって、そのいちばん下に社長がある」みたいな絵を、よく書いているじゃないですか。

里村　ええ。

下村博文守護霊　あれと同じなんでね。世の中に、方便はたくさんあるわけ。それは、そういう方便なの。

「株主がいちばん上です。お客様がいちばんです」って言ってるけど、これは会社の方便であって、なかは、そうなってないでしょう？　社長がいちばん偉くて、重役がその下で、社員がいて、その外に株主がいるんですよ。ね？

里村　はい。

下村博文守護霊　「株主に幾ら払うか」なんていうのは、財務・経理のところが、勝手に決めることだからねえ。

九鬼　ということは、「国民主権」ということも建前であって……。

下村博文守護霊　それは、もちろん建前でしょう。当たり前じゃないですか。

九鬼　公務員の憲法遵守義務も建前である……。

下村博文守護霊　もちろんですよ。当たり前じゃないですか。だから、大臣に選ばれて政治家になった段階で、もう憲法は適用されなくなるんですよ。

里村　逆ですよ。特に、大臣こそ憲法を遵守することが憲法で決まっています。

下村博文守護霊　日本国憲法を全部〝逆〟に読まなきゃ。逆に読まなきゃいけない。

英語を日本語に訳したときに、逆になって日本語になる。

里村　いや、文科大臣が憲法を逆読《さかよ》みしたら駄目ですわ。憲法第九十九条にしっかりと「憲法遵守義務」が明記されているんですよ。

下村博文守護霊　それはね、〝英語力〟が足りないのよ。

里村　英語力ですか？　いや、どう見ても日本国憲法ですから。

下村博文守護霊　だから、日本人は英語がちょっと分からんから、私は英語教育をこれから推し進めていき、小学校からしっかり勉強させて、英語で「軍隊を持たない」っていうことは、日本語訳では「持ちなさい」っていう、そういう意味だと。

それから、「首相や大臣、そういう公務員は憲法を遵守すべきである」っていうことは、「普通は守らないだろうから、ときどきは書いてあるっていうことを思い出せよ」という意味だと。そういうふうに、ちゃーんと〝読解力〟を高めなきゃいけない。ね？　英語も国語もね。

里村　それは、とんでもない〝英語教育〟になりそうですね。

下村博文守護霊　いや、まだ読解力が足りないんだよ。

「日本はお上《かみ》が支配している国。法律は民を縛るためにある」

里村　そうすると、大臣は憲法を守らなくていいと？　国民主権でもないと？

下村博文守護霊　普通、そうでしょう？　普通はそりゃそうよ。大臣なんか法律で縛れるわけないじゃないですか。

里村　そうしますと、今日、私は言葉を使わなかったけれども、いわゆる「お上《かみ》」そのもので……。

下村博文守護霊　それはそうでしょう？　「お上が支配している国」じゃないですか。

九鬼　法律による行政の原理というものが……。

下村博文守護霊　それは、民を縛るためじゃないか。

だから、君が酒を飲んで交通違反をしたら捕まる。君がどんな地位にあろうと、君が総長であろうが、学長であろうが、何か重役であろうが、酒を飲んで〝風船〟を吹いて（アルコールの陽性反応が）出たら捕まる。ね？　スピード違反ならシャッと捕まる。そら、そういうことだよね？

里村　いや、大臣だって同じですよ。

下村博文守護霊　ええ？　大臣は大丈夫です。

里村　大丈夫であるわけはないです。

下村博文守護霊　大臣は、ちゃんとそれが〝抜けられる〟ようになっているんだから。だから、大臣はちゃんと法治国家の外側にあるの。

里村　法治国家の外側にあるのですか。

下村博文守護霊　当たり前でしょうが。そのために（大臣に）なっているんじゃないですか。

里村　いやあ、すごい……。

下村博文守護霊　あなたねえ、知らないの？　日本の世界っていうのは、そういうふうに法治国家のなかにいる〝ゲットー〟のなかの国民と、その外側にいる〝支配階級〟に分かれているんです。

里村　法律は国民すべてが守るものだと思っていましたけれども、大臣は、その埒《らち》外《がい》なのですか。

下村博文守護霊　国民は守るべきですよ。

里村　しかし、大臣はそうではないと？

下村博文守護霊　うん、うーん。

里村　とても、道徳を教えようという方の言葉とは思えないです。

下村博文守護霊　国民は納税をする立場にある人間で、大臣は納税されたものを集めて、権力を行使する者なんだな。

里村　そういう特別な立場にお立ちの方から見ると、神や仏というものをどういうふうに思われていたのですか。

下村博文守護霊　まあ、そういうものはね、過去はあったことになっているけど、近現代では、もはや学問的、科学的に実証できないからね。だから、今は「お上」がそれの代わりをやっているのよ。

宗教には「御利益《ごりやく》」だけを求めている下村氏守護霊

里村　ただ、すごく霊がお好きですよね。

下村博文守護霊　うん？

里村　霊がお好きでしょう。

下村博文守護霊　うーん、だから……。

里村　崇教真光《すうきょうまひかり》ほか、いろいろなところに出ていらっしゃいますよ。

下村博文守護霊　だから、やっぱりそれは、「大臣になるというのは、〝神様〟だということをこの世で認められた」っていうことなのよ。「もともと、神様が降りてきたんだ」っていうことをね。

木村　今回で、あなた（守護霊）の霊言は、もう十回を超えていると思うのです。

下村博文守護霊　うーん。

木村　総合本部や教祖殿 大悟館、こうやって……。

下村博文守護霊　今日はねえ、私は非常に〝頭が切れて〟いると思ってるんだけど。

木村　ええ、ええ。

下村博文守護霊　論理的な話ができるんだ。うん。

木村　いや、これは少し不思議なんですよ。やはり、二十年も当会と付き合ってこられて、信者としてつながっておられたわけですから、われわれとしては、何らかのうっすらとした信仰心でもお持ちなのかと思ったのですけれども……。

下村博文守護霊　だから、「信仰心がある」っていうことは「御利益《ごりやく》がある」っていうことでしょ？　私に対する御利益とはいったい何だったか、あんたがたは、ちゃんと書いて説明できるの？

里村　御利益がなければ大臣まで来られないでしょう?

下村博文守護霊　ええ?　そらあ、もうほとんど自助努力でしたよ。おたくの教えどおり自助努力で、何ら御利益はないんだよな。

里村　こう言ってはなんですけれども、下村さんは、駆け出しのころに大川総裁にお会いになったとき、総裁から「文部大臣までは行かれます」と言われました。まさに、そのとおりになったではないですか。

下村博文守護霊　そんなことはない。御利益はまったくなかったよ。もう、ほぼ自力で、家内と二人で頑張っただけでねえ。

君らは、金は持ってこないし、票はまとめてこないしさあ。

まあ、秘書なんていうのは、たまに気まぐれに来たことはあるけど、ろくに働かんのがやってくるしさあ。だいたい〝窓際〟を押し込んで来るからさあ。余ってるやつ。

里村　選挙区では応援もしましたよ。

下村博文守護霊　だけど、今回みたいに、ちゃんと自分たちの利益になることになったら、急に動き始めるんだからさあ。やっぱり、これは宗教として裏表がありすぎで。

里村　ちょっと待ってください！

下村博文守護霊　ああ？

里村　自分たちの利益ではありません。国の利益のためです。

下村博文守護霊　（怒って）そんなん、嘘つけ！

里村　幸福の科学大学というのは、世界の利益ですよ。

下村博文守護霊　いかん、駄目、駄目、駄目。もう君、タヌキだわ。ああ、君が今日の〝妖怪〟。これは君の研究だ。

里村　いやいや（苦笑）。

下村博文守護霊　妖怪だわ。

里村　タヌキのほうの研究は、またあとにしますけれども。

下村博文守護霊　ああ。

里村　そうすると、信仰心というものは、現世利益《りやく》がないから、なくなったと。

下村博文守護霊　まったく利益はないよな。まあ、利益どころか、不利益を被《こうむ》っておる。

「いい過去世を〝進呈〟するぐらいが、最低限の〝宗教賄賂〟だろう」

木村　霊言が出て、それで、「なぜ、こんなものが出るのだ」ということで、「アッ・・・・・・・プセットした」というように伺ったのですけれども……。

下村博文守護霊　君ねえ、文科大臣が分からないような英語、使わないでくれる？

木村　（笑）少し「動揺した」と伺ったのですけれども……。

下村博文守護霊　ああ、そういうことか。

木村　「動揺された」と伺ったのですが、岡崎久彦《おかざきひさひこ》先生の霊が、やはり、「いちばん霊言を信じているのは下村大臣だろう。信じているからこそ、これを否定しないと、自分としては、問題が出てくる」ということで、必要以上に……（『外交評論家・岡崎久彦―後世に贈る言葉―』〔幸福の科学出版刊〕参照）。

下村博文守護霊　うーん。まあ、それは、最初にも総裁が言ってたように、やっぱりねえ、それは、関係からいきゃあ、菅《すが》さんよりは、（過去世の）いいのを〝割り当て〞てくれないと困るわなあ。

里村　ああっ、では、お金だけではなく、次にそこが……。

下村博文守護霊　菅さんなんて、あんたがたにどれだけ協力したっていうの？　大したことないでしょう。勝手にもらってるんだからさ。

そらあ、わしは勲章を人に授与する立場にあるんだからな。だから、君らができるのは、せめて、そのくらいのことやからさ。過去世を〝進呈〞するぐらいが、せめてもの、最低限の〝宗教賄賂〞だからさあ。

里村　そうすると、最初の〝菓子折り〞がありまして、次に、「それくらいの過去世を与えるのが筋だろう」と。

下村博文守護霊　そうそう。「そのくらいの偉い人や」と言ってくれたらね、みんな、「そうかいなあ」と思って期待するじゃない。

里村　そういう部分が、八月の、また、さらなる是正意見の「プラス」として出てきた。〝あれ〟も、では、そういう警告ですか。

下村博文守護霊　「総裁と昔会ったかどうか」って言ったって、その後、なんにも応援してもらってないからさあ。

里村　いやいや、そんなことはないですよ。

下村博文守護霊　冷たい。

里村　とんでもないです。応援していますよ。

下村博文守護霊　こんな冷たい宗教団体、見たことないわ。

里村　何をおっしゃいますか。宗教を食い物にしていますよ。

下村博文守護霊　もっとみんな熱いよ。ホットだよ。

里村　きちんと今まで、ずっと、都議から、そして、国政に出られても応援してきましたよ。

下村博文守護霊　いやいや、応援のうちに入ってないよ。教団のこの余った金から見りゃ、こんなの、応援のうちに入ってないよ。あんなところに、あんた、九十九里浜なんかに大学をつくる金があったらね、しっかり、もっと応援しなさいよ。

## 5　幸福の科学大学に「最長五年のペナルティ」を科した理由とは

### 下村氏守護霊は何を「脅迫」「悪さ」と言っているのか

里村　今日は、よほど、選挙でお金に困られているのか分かりませんが、お金の話がすごいですね。

下村博文守護霊　供託金なんかね、あんな、十一億もタダで、もうぶち込むぐらいだったら、それを私のところに積み上げたら、どれだけ楽だったか。派閥の長《ちょう》になれるわね。

里村　なるほど。それがないので、また、さらに八月に是正意見を「プラス」している？

下村博文守護霊　ああ。

里村　さらに、進めますと、結果的には、十月二十九日の審議会の答申、そして、十月三十一日の大臣ご自身の決定となったわけです。

下村博文守護霊　まあ、その間には、君たちの〝悪さ〟が入ってるけどね。

里村　悪さ？

下村博文守護霊　うん、悪さ、いっぱい、いっぱい……。

里村　何の？

下村博文守護霊　いやあ、〝脅迫の山〟だったからね、本当にねえ。

里村　そのへんに、やはりズレがありまして。大臣からすると、何が「脅迫」だとか、何が「悪さ」になるのですか。

下村博文守護霊　だから、私を貶《おと》める行為は、みんな「悪さ」だし「脅迫」だよな。

里村　具体的に、「貶める行為」とは、どういうことですか。

下村博文守護霊　うん。だから、私が、ものすごい悪い人間みたいな言い方してるじゃん。

里村　ええ？　どこでですか？

下村博文守護霊　ええ？　（幸福の科学出版から出た）本のなかでもしてるし……。

里村　守護霊の霊言とか？

下村博文守護霊　うーん。

「まあ、〝社会人〟になるためには五年はかかるだろう」

里村　ですから、今回、文科省が、「幸福の科学大学側に最長五年のペナルティを科す」と。つまり、「申請できない期間が五年間ある」と。

下村博文守護霊　まあ、〝社会人〟になるためには五年はかかるだろう、今の状態から見れば。

里村　それで、「弁明せよ」と言ってきたのですが、「なぜ五年間か」というと、不正行為として幾つか挙げていまして、要するに、「文科省を脅した」というのが気に食わない？

下村博文守護霊　脅したっていうかさあ。何だか知らんけど、「お上《かみ》」に対して、君ら、なんか勘違いしてるんじゃないかなあ。

里村　ええ？

下村博文守護霊　なんか、お上に説教したり、お上に対して、なんか自慢しに来るからさあ。だから、お上が教育改革しようとしてるのにさあ、教育改革を自分らがやってるような言い方してきとるしさあ。すべて、みんな、カチンカチン、きてるわけよ。

里村　まあ、大臣の教育改革がどの程度のものかは、あとの議論になるか、あるいは、今日は置いておきますけれども、では、今おっしゃった「不正」というのは、要するに、そもそも、「お上に何か意見する」とか、「意見を発表する」とか、「そのような言論の自由・出版の自由が認められていることが間違っている」ということですか。

下村博文守護霊　だから、「ハハーッ」と、もう聞いとりゃいいわけよ、言われたら。

## 下村大臣による「出版差し止め」の電話は「脅迫」ではないのか

里村　はあ。（九鬼に）では、これに関しては、どうぞ、反論を。

下村博文守護霊　君なんか、特に気に入らんわね。ええ、何だ、早大学院からの早稲田？　わしに当てつけで、なんか言うとるんか。ええ？（九鬼は早大高等学院卒、早稲田大学出身）

九鬼　言っていませんよ、全然、そんなことは。

下村博文守護霊　早大学院から出てたら、大隈重信になれるんか（注。九鬼は霊言により、過去世が大隈重信であることが判明している）。ええ？　新聞配達少年が早稲田に入ったほうが、よっぽど偉いではないか。何言ってんだよ。ねえ。

里村　いやいや……。

下村博文守護霊　人を小バカにするんじゃないだろうな。ええ？

九鬼　そんなことを私は一言も申し上げていないのですけれども。

少しお伺いしたいのは、幸福実現党の人間に対して、下村大臣本人が直接、電話をされて、「本をストップすることで、やりようはまだある。ストップは当然のことだ」というようにおっしゃられていて、今のお話とちょうど通じていると思うわけです。これは、実際に電話がかかってきたことなのですけれども、この「出版を差し止めろ」というのは、脅迫にはならないのですか。

下村博文守護霊　いや、それはねえ、「出るぞと言う」ということは、そら、「取引したいということ」っていうのが常識でしょ？　そっちが取引するつもりで言ってきたのに違いないと思うから、そういうふうに判断する。

九鬼　取引ではありません。大学申請とは関係ありません。

下村博文守護霊　「ああいう本が出ますよ。そのなかに、『あなたは、豊臣秀吉の生まれ変わりで、リンカンの生まれ変わり』って書いてありますけど、よろしいでしょうか」とか、そういうんなら、かわいいけどね。

九鬼　そういう虚偽の事実が書かれていたらよいという脅しですね。

下村博文守護霊　そんなの、虚偽かどうか分からないでしょう。

九鬼　そういうご自身に都合のよいものが書いていないから、「霊言を根底とする教育は認められない」っていうことなんですか？

下村博文守護霊　あれを読んだら、あんたねえ、票を入れたくなるかどうか考えたら……。票を入れたくないようなもんだったら、それは、やっぱり「脅迫」なんだよ。

## 大学と関係のない幸福実現党の職員が行った行為が、なぜ「ペナルティ」なのか

里村　ただ大臣、文科省側はペナルティの理由の一つとして、大学とはまったく関係のない幸福実現党の職員が行ったことを、不正の理由に挙げているんですよ。おかしいんじゃないですか？

下村博文守護霊　あれは、わしのパーティーに、何回か来とるはずだから。

里村　はい。三回ぐらい、お会いしたんです。

下村博文守護霊　それは、当然、将来的に、わしの巨大なバックアップのパイプをつくるために来とるんだと思うたら、こんな悪さをするために来てたんだったら、腹が立つわなあ。

里村　ちょっと待ってください。大学の申請行為、申請しているという行為と、まったく無関係の行為ですよ。

「認可」に傾いた文科省担当者を途中で替えたのは、なぜか？

九鬼　もう一つは、お伺いしたいんですけども、前任の今泉室長は、そのへんのことは、よくご理解いただいていました。「これは、学校法人とは違うんですね」と。

下村博文守護霊　いや、そこが、あいつの駄目なところで、やっぱり、そらね、役人っていうのは、そういうものを入れてはいけないの。裏事情を斟酌《しんしゃく》して、仕事に入れてはいけないのであって。

九鬼　ちゃんと、理解していただいた方も含めて、七月二十五日に、高等教育局長、それから、私学部長、審議官、高等教育企画課長、そして、大学設置室長の五人が異動になりましたが、それは大臣がされたのですか？

下村博文守護霊　ああ……、それは「有能な方々」だから。最後まで君たちにかかわったら、責任を取らされるからね。有能な方々は早く逃がさないと、役所としても大事だから。

木村　もう、そのときには、「不認可」という結論は出ていたということですね。

下村博文守護霊　ああ、もちろん、そうです。

里村　ほお。

下村博文守護霊　それを、（前任者の室長らは）「認可」に変えようとしてたから、もちろん転出ということで。

木村　この不認可の結論は、永田町の論理で、事前に〝木の葉〟とかを持っていかなかったという時点で。

下村博文守護霊　ああ、そう、そう。ちゃんとした手順を踏んでないやつ、そんな書類だけで操作して、こんな安く上げようとしてるやつらはねえ、通すわけにいかない。

里村　ちょっと待ってください。大学申請は、書類審査が大原則であると思います。

下村博文守護霊　うーん、そらあ、最後なんだって。最後なの。

里村　つまり、かたちを整えるためだけですか。

下村博文守護霊　判子を押すためには、書類が必要だから。それだけのことです。

里村　何という不透明な行政なんでしょうか。「不透明」かつ「不効率」極まりないと思います。

下村博文守護霊　いやあ、書類なんか一枚でも構わないのよ、ほんとは。それでも構わないの。

里村　それで、民間の団体に、百億円を超える投資をさせ、そして……。

下村博文守護霊　いや、したのは、そっちが悪いんだよ。わしのほうに献金しとったら、その百億円の投資ができなかっただろ？　そのほうが君たちにとっては、よかったんだ、ほんとは。

里村　そうすると、一貫してお金の論理が非常に……。

下村博文守護霊　いや、お金というか、今、私は「資本主義」を研究中だからね。

里村　それを「資本主義」と言うかどうかは、議論があるとは思いますけれども。

## 自分の「霊言」を出されたことに恨みを持つ下村氏守護霊

里村　今回、「ペナルティ五年」といったときに、不正行為として、大学と関係のない人間の行為を強引に大学申請とつなげて、「不正」と言ってきました。これに対して、われわれはおかしいと思いますし、これから文科省に言っていきます。

下村博文守護霊　いやあ、それは君らにとって都合がよい言い方だ。善意の行為で、私の悪口を書いてある本の要約を持ってくるっていうのはありえないね。普通は恐喝する場合ですよ。こっちに、「金を出せ」と言ってくる場合の……。

九鬼　いやいや、悪口っていうか、そういうふうにおっしゃっていたのは、守護霊様ご本人であり、おっしゃっていたことを、そのまま、活字にしただけですから。

下村博文守護霊　いや、それが間違ってるんだよ。宗教っていうのは、やっぱ、〝木の葉〟を一万円札に変えるぐらいの力を持ってなければ、宗教とは言えないんだよ。だから、そういう悪口を言ってるやつを、いかに、文科大臣が君たちのことを推薦してるかのごとく書き換えることこそ、やっぱり宗教行為なんだよ。

九鬼　いや、もともと悪口ではなくて、そういうふうにおっしゃっていたら、そのまま出していたのですが。

下村博文守護霊　そんな頭があるわけないだろ、原稿がないのに。それは、原稿をちゃんと役人が書いてくれないと、読み上げられないわ。

木村　逆に言えば、文科大臣が認可権者ですから、私たちにとって不利なことを出版していること自体が、「事実であることの証明」にもなっていますよね。

下村博文守護霊　いや、だけども、それは「認可してほしくない」という意思表示でもあるわね。

里村　いや、違うんです。私どもとしては、大臣は、「宗教としての誠実さ」の部分がそれなりにきちんと通じる方だと思っているのです。

下村博文守護霊　いやいや、そんなのを出しても通ると思ってるのは、やっぱり、社会的知性が低いわなあ。

里村　こちらは「損か得か」ではないんです。ある意味では真理を探究する立場として……。

下村博文守護霊　「損か得か」じゃないんだろ？　だから、百何十億ドブに捨てたらいい……、ドブじゃない、海に捨てたらいいよ。

里村　そんなことはできませんよ。

下村博文守護霊　損得、関係ないんだからね。

里村　いやいや、そんなことはできません。
今回の大臣の行為によって、そういうものは無駄になる。それこそ「国家的な損失」だと言っているのです、幸福の科学大学が。

下村博文守護霊　そんなことはないよ。あんたが銀行から借金してきて払いなさい。ね？　会員に。

## 正当な宗教の活動を「脅し」と言い張る文科省の返答

木村　今回の返答で「三つの不正行為」とありましたが、一点目は、今言いましたように、要は、今回、大学申請にまったく関係のない方が行った個人的な行為を、不認可の理由にしている。

二つ目は、これだけ多くの献金を信者の方々から頂いているということに関し、私が文科省の担当者に対して言ったことですね。これは、先ほども申し上げましたとおり、今泉前室長からは、「幸福の科学教学を専門のディシプリン（学問）から外せば大丈夫だろう」ということを頂き、そのアドバイスに従って、われわれは補正申請をなしたわけです。それにもかかわらず、七月末に今泉室長を人事異動させ、その発言をまったくの反故《ほご》にして、八月の初めに「ノー」と言ってきたのですよ。「全部駄目だ」と。それこそ、文科省の不正行為そのものです。

それで、私は、「今まで、『幸福の科学大学だから、幸福の科学の教学を教えるのは当然だ』と信者の方々も考えているし、献金者もそういう願いを持って寄付してくださっている」ということを言っただけなのですよ。

## 幸福の科学学園理事長に「コンプレックス」をぶつける下村氏守護霊

下村博文守護霊　ああ、やっぱり君は永田町の言語を知らないなあ。それで賢いと思ってるところが、君の最大の弱点だ。
ねえ、文科省に来て自慢する。そして、大臣よりも自分が賢いということを一生懸命PRかける。下村文科大臣よりは賢い。安倍総理よりもずっと自分のほうが賢い。ええ？　エール大学でMBAを取った（木村はエール大学経営大学院修了〔MBA〕）。安倍さんよりずーっと賢い。こんなことを言ってくるやつねえ、誰が許可を出しますか。バカ、バカ、バカ！

里村　木村さんはそんなことを一言も言っていませんよ。

下村博文守護霊　いや、言い続けてるのよ、毎日来て。役人たちも、「おまえらよりも賢いんだと、分かってるのか」って、いっつも言ってるんだ。

里村　そういうふうに感じられるというのは、それは、そちらの……。

下村博文守護霊　だから、その劣等感をねえ、わしだって役人がかわいいから、一生懸命かばってるわけよ。「二流官庁」と言われて小さくなってるやつにも、「元気出せ！　ガッツ出せ！　戦え」と言ってるところに、そうやって外部からお願いしてくるやつに威張られるっていうのは、飼い犬に噛みつかれたような感じの、ほんと、いやな感じだわなあ。

里村　「飼い犬」という表現もすでに間違っていると思いますし、そこは下村さんのコンプレックスのなせるわざなのです。

下村博文守護霊　当たり前じゃない。私もコンプレックス、役人もコンプレックスの塊なんだからさ。そんなのに自慢するなよ、ほんとに。ええ？

里村　ほう。そのコンプレックスとは何ですか。要するに学歴の部分、「頭が悪い」と自分で認識している部分ですか。

下村博文守護霊　大学なんて、簡単につくれると思うなよ、ほんとに。

九鬼　しかし、どこの法律にも書いていないことを、どうしてそういう……。

下村博文守護霊　当たり前だ。法律に書いてないことが大事なんじゃないか。書いてることは、みんなが分かることなんだから。

里村　それに対しては、「日本は法治国家ですか」と私は言いたいですけど。

九鬼　本当に法治国家なんですか？

下村博文守護霊　いや、そんなことはありませんよ。今は、内閣の解釈によっていくらでも変わる方向に進んでるわけだからね。全然、違うんですよ。

里村　要するに、今回、文科省は「幸福の科学大学側が不正な行為を行った」ということでペナルティを科し、「五年間申請できないようにするつもりだ」と言ってきたのですが、大学側からすると、不正な行為はそちらです。

## 6　「幸福の科学大学不認可」の理由を改めて問う

### 「学長を替えれば、認可の方向」という内諾を、なぜ反故《ほご》にしたのか？

里村　先ほど出た大学設置室の前室長、あるいは、自民党の安倍さんと非常に近い萩生田《はぎうだ》議員といった方々が、「学長を替えれば、認可の方向だ」と言っていたのに、その内諾を全部反故《ほご》にしたのは文科省ですよ。これは不正ではないのですか。

下村博文守護霊　うーん……。不正かなあ。

里村　不正ですよ。とんでもないです。

下村博文守護霊　だけど、「九鬼をクビにする」なんていうのは、日本人の九十九パーセントは賛成するだろう。

里村　いや、「九鬼を総長に」というのは、文科省側から出た知恵ですよ。

九鬼　私が、今泉室長から伺ったのです。

下村博文守護霊　それは桜美林《おうびりん》のまねをして、言うてるだけなんや。

九鬼　今泉さんから、私はメモも頂いているんですよ。証拠もあるんですが。

下村博文守護霊　それほど、君を外したかったんだろうね。

九鬼　いや、そうではなく、「幸福の科学教学を、専門のディシプリンから外せば通る」というメモを頂いているんです。

下村博文守護霊　うーん。まあ、新聞配達少年が苦学して、早稲田の教育学部に入ったんだ。黒川も一緒だろうけど、そういう高等学院からの早稲田……。

九鬼　附属から行ったやつは気に食わないと？

下村博文守護霊　うん、法学部だとか、政経だとか、そんなやつは出てくるなっていうんだよ。偉そうに。最高でも明治あたりで来なさい。

里村　（苦笑）出身の問題ではないと思うんですよ。

下村博文守護霊　大臣のほうが、偉いんですから。

里村　ちょっと待ってください。永田町の論理と、われわれは関係ないと思いますが。いちおう、内々は文科省側からも、「この方向で」とか、あるいは、自民党筋からも、「この方向で」とかいう話はあったわけですよ。それにもかかわらず、それを全部反故にしたのです。

下村博文守護霊　それは、萩生田がついてる以上、安倍さんの耳に入ってないわけがないだろう？　だけど、私のほうがそうしたっていうことはだねえ、安倍さんに嫉妬される前に、私が嫉妬してブロックをかけたんだ。君たちを守ったのよ。分かる？　私が君たちを守ったのよ。安倍さんにまで嫉妬されたら、宗教団体としては本当に国家から弾圧を受けるからね。

里村　全然、分からない論理ですね。もしかしたら、永田町だけで通じる論理では。

下村博文守護霊　永田町は難しいんですよ。〝知能〟が高くないと。

「脅迫」の理由は、「九鬼の名前が怖いから」？

九鬼　もう時間もないので、今度は、私の話なんですけれども、新木室長に替わってから、今泉さんから引き継ぎがなされていたと思っていました。なぜなら、今泉さんが大臣秘書官になられたあと、電話で一度お話をして、「きちんと引き継ぎをされているのですか」と訊いたら、「きちんとしていますから、新木に訊いてください」とおっしゃられたからです。ただ、一生懸命にアポイントを取っているのに、全然、入らないんです。出てこないのです。

下村博文守護霊　それは、君らを〝暴力団〟と認定してるから、会いたくないの。

決まってるじゃないの。

九鬼　たぶんブロックをされていたのではないですか。

下村博文守護霊　いやいや、そんなことない。君らに会ったら、そらもう、〝夜道が怖い〟から。

木村　にこやかに言っているんですよ、九鬼も……。

下村博文守護霊　もう、そういうことを言うんでないよ。「笑いながら冗談で脅しました」なんていうことを自白したら、警察では（手を一回叩く）有罪なんだからね、君。

木村　（苦笑）

下村博文守護霊　警察でも有罪なんだから、そういうことは言っちゃいけないんだっていうのに。「私は、言っていません」「証拠はあるんですか」と開き直らなきゃ駄目なんだよ。バカ！　なんてバカなんだ、エール大学は。バカ野郎！

里村　では、聴かせてください。後学のために聴かせてください。文科省の方から、このように呼ばれたとき、われわれはどう話せばいいんですか。

下村博文守護霊　いつも、「おっしゃるとおりです」と言えばいいんです。「おっしゃるとおりです」と。断るときは、「善処します」と言う。

九鬼　分かりました。それで、私は面接審査のあとに、「新木さんとお話をしたい」

とお声掛けをしただけなんですよ。それが、なぜ、脅迫に当たるのですか。

下村博文守護霊　それは九鬼が怖い。名前が怖いから、名前を変えてきなさい（会場笑）。〝鬼が九匹〟なんて、そういうのはとんでもないですよ。怖くて会えないんだな。それが怖くて、会えないんだよ。引き継ぎは、そうされてるんだよ。「怖いですよ」って。

九鬼　ずっと私どもの真向かいに座っておられたので、帰りがけに「すみません」とお声掛けして申し上げたのです。

下村博文守護霊　あんた、眼鏡を外したら怖いよ、ほんとに。鏡はついてる？

木村　私は横で見ていましたが、九鬼は非常に穏やかな笑顔で対応していました。

本当に〝お上〟に対応するような優しいかたちでやっていました。決して脅したり、そう言った恐喝的な発言ではなかったです。

下村博文守護霊　うん。「それで、過去世は大隈重信で、政党をつくって、早稲田大学をつくって、そして、総理大臣をやって、それで、君たちに頭を下げに来てやってる」と、こういうわけね。

九鬼　そんなことを申し上げたことはありません。そうではなくて、「『お話をしたい』と申し上げただけなのに、こういうことになった」ということについて、十月三十一日の決定の通知の際に、新木室長に、「これが、本当に脅迫ですか？　脅しですか？」と伺ったら、「いや、この件だけでは、別にそうではないでしょう」と言われました。しかし、それ以外のものがありましたか？

「霊言集を机の上に積み上げられたら、脅迫かと思うよ」

下村博文守護霊　だからねえ、いや、君らは、もう〝蛸壺《たこつぼ》〟のなかにずっと入っとるから分からないんだろうと思うけども、わしらはね、私に関してはね、そら、何年も前から献本とかは来てるから、別にそれは慣れてるから、それを「脅迫」とかは思わないけども、役所の人間なんか、白昼堂々と、あんた、霊言集なんか机の上に積み上げられたら、そら、脅迫かと思いますよ。「そのへんの落差が見えない」っていうのはいかんわなあ。

九鬼　ですから、「霊言についてお話をしないと、ご理解いただいていないのではないかな」と思ったので、私は申し上げたのです。

下村博文守護霊　あ、それじゃ、君の判断ミスによって学校が建たなかったわけだ。

責任取りなさいよ、責任。責任取りなさいよ、じゃあ。

九鬼「そういうことにさせたい」ということですね。

下村博文守護霊　うん。

里村　いや、違うでしょう。それは判断ミスではなくて、もともと〝挨拶〟がなかったからでしょう?

下村博文守護霊　あんた、世間の人は、霊言とか見て、もうブルブル震えて、もう手が震えて怖いんだよ。だから、電車のなかで霊言なんか読んでる人が隣にいたら、「うわー」って思って、席を立って逃げていく。それが世間の常識なんですよ。

里村　なんで、それほど怖いのですか。

下村博文守護霊　世間はそうですよ。

里村　いや、違いますよ。

下村博文守護霊　私みたいに心が広くて、宗教を理解してる人間は、そんなことありませんけど……。

里村　いや、違いますよ。

下村博文守護霊　目の前に立ってる人が霊言集とか読んでたら、それはもう、すぐ逃げますよ。

里村　やはり、信じているからでしょう!?

下村博文守護霊　ええ？　「信じてる人は信じないけど、信じてない人は怖いんだ」って。

里村　信じていない人からすれば関係ない話ですよ。

下村博文守護霊　「役所に入るのに、宗教のテストはないんだ」って。

里村　信じている人からすれば……。

下村博文守護霊　だから、「○×テスト、十問だってつくれないんだ」って、宗教に関しては。「どれが正しいか」なんて。

九鬼　いや、それでしたら、どうして「霊言」ということをわざわざ出して、不認可の理由にするのですか？

下村博文守護霊　だから、「怖い」って言ってるのよ。

九鬼　「不認可の理由」というのは、もっと……。

下村博文守護霊　怖い。国民の五十七パーセントは無神論者なんですから、日本人は。

里村　だから、今回の、この……。

下村博文守護霊　中国人を超えてる。中国人は五十二パーセント。日本人は五十七パーセント、無神論者ですから。多数決を、はい……。

## 不認可の理由は「下村氏が幸福の科学の信者だ」と明かしたから？

里村　少しお待ちください。ただ、今回の文科省の不認可の理由等を見て、多くの国会議員、あるいはマスコミの人も、「それこそ、文科省の言い分のほうに、科学的、あるいは、合理的な部分がない」というように言っています。「あまりにも唐突な、あるいは、稚拙《ちせつ》と言っていい理由である」と。

結局、それは、すべて、「〝挨拶〟がなかった」とか、そこから始まってきた。つまり、「大臣の意向を反映したものであるから」ということですね。

下村博文守護霊　いや、君ら、遠回しに言うと、本当に〝頭が悪い〟から分からねえんだな。もうちょっと、はっきり言ってやろうか。

里村　はい。

下村博文守護霊　だから、「私が信者だ」というようなことは、君らは知ってても いいけれども、役所のなかでは言ってはいけないのだよ。その最大のタブーを君ら は犯したがゆえに、今回、不認可になったんだ。で、「それが冷却するのに、五年 はかかるでしょう?」って言ってるんだよ。

里村　しかし、「信教の自由」ですから、いいじゃないですか。「信教の自由」なの に、何がタブーなのですか。

下村博文守護霊　駄目です。それはタブーです。言っちゃあ駄目です。会社でだって、「私が信じてる宗教」なんて、そんなことは言いません。

里村　でも、真光の集会にも大会にも、きちんと行かれて、挨拶されているじゃないですか。

下村博文守護霊　ええ、まあ、それは、真光はね、もう人畜無害だから、今のところ。

里村　ワールドメイトの献金も受けているじゃないですか、三百万円。

下村博文守護霊　ワールドメイトなんて、人畜無害ですよ。何の影響もない。予備校の宣伝して、あと、文化人と盆踊りしてるぐらいのもんですから。君らは人畜無害じゃないよ。

里村　幸福の科学は影響がありすぎる？

下村博文守護霊　君らは人畜無害じゃない。君らは怖い。

「〝永田町言語〟が分からなければ落第だ」と繰り返す下村氏守護霊

里村　ただ、朝日新聞だって、毎日新聞だって、共産党の赤旗ですら、今、下村大臣のいろいろな金銭スキャンダルをどんどん追いかけ始めましたからね。

下村博文守護霊　うーん。まあ、いちおう警戒はしてるわけよ。いちおう警戒はしてるんだけども、だから、「ペナルティ期間を五年にしてほしいか、縮めてほしいか」ということを遠回しに訊いてるわけよ。縮めてほしかったら、君たちの態度が変わらなきゃいけないわけね。こういう〝永田町言語〟が通じないんだったら、君たち、しかたないねえ。それは〝落第〟だわ。

里村　いや、幸福の科学大学側は、これに対して、「むしろ、不正は文科省の側にあった」ということを、今、はっきりと世に知らしめようとしております。文科大臣が宗教を食い物にし、文科省を私物化し、許認可権を現金に換えようとしていると。

下村博文守護霊　だから、君らね、バカなんだよ。だからね、大声出して、「ちょっと脅しただけだ」とか、「冗談めかして脅しただけだ」と、すぐ自分で言うだろう？　そういう言い方をしないで言うときには、「文科省には何人ぐらい職員がいらっしゃるんですか？」って。「まあ、二千人ぐらいいますかねえ」と言って答えるでしょう？

里村　脅してなどいませんが……、はい。

下村博文守護霊　で、「私たちは何人で押しかけましたか？　デモ隊で突っ込みましたか？」って。「いえ、来たのは、二、三人でしょう」って。「ああ、そうですよ」って。二千人もいる役所のなかに、二、三人ぐらいでお願いしに行って、話して、「許認可権は文科省のほうにあり、不認可になったら、こちらはものすごくダメージを受ける立場にあります。こちらは文科省にダメージを与えることができない立場にいるのですから、文科省を恫喝できるわけがないじゃないですか。そんなことは、この世的にありえないことじゃないですか」と、まあ、そういうふうに言えばいいのに、「はい、脅しました」って、ちゃんと自分で認めてたんだよ。バカだねえ。

## 不認可の理由そのものが「宗教弾圧」ではないのか？

木村　最後に、文科大臣の守護霊にお訊きしたいのは「不可理由」についてです。不認可の理由そのものが大きな宗教弾圧だというご自覚は持っておられますか。

下村博文守護霊　いや、そんなことはない。単に、「大学の不認可の理由」ですから、「宗教の不認可の理由」じゃない。宗教の不認可なら宗教弾圧だけど、大学の不認可ですから。

里村　ただ、国家、政府が、特定の宗教団体の行事あるいは儀式、教えに関して価値判断をしたということは、これは、たいへんな宗教弾圧です。「戦後初めて」と言っていいケースですよ。

下村博文守護霊　でも、まあ、それは、「教科書の靖国神社についての記述をどうするか」なんていうことは、けっこう政治問題になって、いろいろ議論になるもんですからね。あるいは、「宗教の扱いをどうするか」ということだって、議論は十分に発生しますから。

あなたがたが、私が「（幸福の科学の）信者だ」というようなことを言い立てなければ、私はスムーズに認可することができたのに、「信者だ」と言われた私は、それを認可できなくなってきたわけですから。ええ？「何かコネを使って認可したんじゃないか」と思われるから、そういうことをねえ。だから、そのへんは自分で墓穴を掘ってるんだからさあ。それは認めなさいよ。

里村　いや、今の理由は後付けであって、要するに、「そもそも〝挨拶〟がなかった」という、今日の冒頭でのお話になりますよね。

木村　〝木の葉〟を持っていかなかったっていうことが……。

里村　そう、〝木の葉〟を持っていかなかったから。

下村博文守護霊　君らが大学設置室長に、「大臣は信者だから、よう言うことをきけ」というようなことを言うことが、「脅し」なわけよ。

九鬼　いや、違います違います。そうではありません。

下村博文守護霊　大臣から、「わしも信者だから、よろしくな」と言うんなら問題ないわけよ。だけども、君らが室長を通して「大臣は〝あれ〟なんだから、ちゃんと言うことをきけ」と言ったら、これが脅しに当たるから。

九鬼　そんなことは申し上げてません。

下村博文守護霊　ええ？

九鬼　そうではなく、「なぜ霊言を出版したんですか」という質問に対してお答えしただけです。その霊言のなかで信者だということが語られていますから、それは見れば分かることです。それは「宗教的行為」として行われたものです。

下村博文守護霊　うーん……。その霊言自体に脅しの目的があったわね。

九鬼　いや、そうではありません。霊言は、真実を明らかにするために録《と》っているのです。

下村博文守護霊　私はねえ、君らがあんまり下手な書類をつくって、下手な交渉をして、文科省とトラブっていることが、総裁に報告が行ってないようだから、文部科学大臣という要職にあるにもかかわらず、もうほんと、良心に誓ってだねえ、善意でもって、守護霊だけが総裁のところまで行って、「おたく、揉めてますよ。このままでは大変なことになりますよ」と緊急連絡を申し上げたのに、それを悪口というふうに取られて、本にして出されたという。

九鬼　しかし、守護霊が大川総裁のところに、毎日毎日行く必要はなかったのではありませんか。

下村博文守護霊　それはもう、ほんとにねえ、善意を悪意で返されたようなもんです。

## 「永田町のルールを破ったこと」が不認可の原因なのか

里村　分かりました、分かりました。
お話を聞いて、要するに、どこにズレがあったかというと、「タヌキの住む世界である永田町の論理」と「真実を求める宗教側の論理」とにズレがあったわけですね。

下村博文守護霊　私は……、君らは「善意」と言ってるが、私は私で、善意で総裁のもとに駆けつけて、「このままでは大学が建たなくなるから、大変なことになりますよ。あなたは、もうちょっと仕事の中身にチェックを入れて、言うべきことを言わないといけない。彼らに任すと建ちませんよ」と、そういうことを緊急連絡で総裁に申し上げたんだ。
それを、「総裁のところに生霊《いきりょう》が来て、総裁を苦しめて、業務を邪魔している」みたいな言い方をされた。そういうふうに解釈する悪い人たちが宗務にいて、それを出版のほうが信じて、そのまま出した。それで、それを渡すということが脅迫に当たるっていうことが分からない。それを頭のよくない人たちがやって、結局、不認可へと、自分たちで持っていってるんですから。

里村　まあ、分かりました。

私どもとしては、「そういう永田町の論理、あるいは霞が関の論理が、はたして、これからの日本のためになるかどうか」ということを、今回の選挙戦を通じ、有権者のみなさまにご判断いただこうと思います。

下村博文守護霊　だからね、あのねえ、いや、マスコミだって、ちょっとバカじゃないのよ。

里村　はい。

下村博文守護霊　「政治家が、宗教に五個や十個や二十個も入っているのは普通だ」と、みんな思ってるのよ。

だから、信仰心なんか持ってなくても、ただ顔見せしておけば票が入ると踏んで、行くのは知ってて、それがどうってことはない。国政を特に曲げるほどのことはないと、みんな思ってるから、別にそれを容認しているのよ。マスコミはみんな知ってますよ。どの政治家がどこの宗教に出入りしているか、挨拶しているか。みんな知ってますよ。そんなことは、全然問題にしてきてませんよ。

今回は、たまたま、そういう大学認可みたいな、おたくに言やあ、要するに、許認可によっては利害が生じる内容だったからね。そこはチェックされる。マスコミにチェックされるポイントであったわけだから、信者であるということは、できるだけ隠密にやらなければならないことで。

隠密にコネをきかせなければいけないのが〝永田町のルール〟だったのに、君たちは〝ルール破り〟をしたわけよ。だから、萩生田君だって立場がなくなっちゃったわけよ、まったく。

里村　いや、私たちは別に宗教を恥ずかしいものとも何とも思っていませんし、タブーだとも何とも思っていませんから。

下村博文守護霊　それは君ね、裸で街を歩いても恥ずかしくないと思ってるのと一緒だよ。

里村　いや、それは裸で歩いたことになりません。

下村博文守護霊　別に構わないよ。そら、君は恥ずかしくないと思うよ。君はご立派なんでしょうから、恥ずかしくないですよ。

里村　いやいや、とんでもないです。

下村博文守護霊　そりゃ、そうでしょうけどね。普通の人は恥ずかしいんですよ。

里村　大臣もお忙しいでしょうから、時間を少し縮めたいんですけれども、もう一点、「挨拶の部分で、〝木の葉〟が足りなかった」と。これは分かりました。

## 7 「偉い過去世」を取引材料にする下村氏守護霊

### 「リンカンの生まれ変わりにしてくれれば、考え直す」と言う下村氏守護霊

里村　もう一点、「過去世の認定」について、改めてお伺いしますけど、過去世はいったいどういう方だったんですか。

下村博文守護霊　だから、今、「リンカンの生まれ変わりだった」とか、「聖徳太子の生まれ変わりだった」とか書いて霊言を出し直してくれたら、今までの罪を一等、二等ぐらい減じて、一個につき一等減ずるね。一年分ね。だから、五年のやつが四年、四年が三年。五個分ぐらい立派な過去世を出してくれたら、五年分ぐらい縮め

て、今年もう一回、追加審査するように考え直す。

里村　そうしたら、リンカン様で、聖徳太子で、ソクラテス様だったと……。

下村博文守護霊　だから、「全知全能の神」とまでは私も言ってないの。謙虚なんだからね。「全知全能の神だ」なんて言ってないんだから。

里村　分かりました。

下村博文守護霊　うん。

里村　リンカン様であったと……。

下村博文守護霊　それで、いいんじゃない。

里村　いいんですか？

下村博文守護霊　（リンカンは）生まれてないでしょ？　今、生まれてないんだから、ちょうど〝空いてる〟じゃないか。〝空いてる〟んだったら、入れといたらいいやん。

里村　いやいや（苦笑）、空いてるとか、空いてないとかじゃないです。

下村博文守護霊　私は、群馬からね、九歳にして父をなくし、新聞配達をしながら苦学して早稲田に入ったんでねえ。そして、学生時代に塾をやって、金を稼ぎながら卒業して、努力に努力を重ねて上がってきたんだ。もう、〝リンカンの日本版〟

そのものじゃないですか。

里村　いや、だから……。

下村博文守護霊　道徳の教科書に、リンカンを入れときたいぐらいだ。私の過去世とダブらせてくれると、ちょうどいいんだよ。あるいは、二宮尊徳でもいいけどね。

里村　あの、まだですねえ、高崎のほうにお母様がいらっしゃいますから、決して、お母様が悲しまれることは言わないほうがいいと思うんですけども。

下村博文守護霊　二宮尊徳でもいいよ。

里村　たぶん、「希望としては、リンカンでありたい」と？

下村博文守護霊　それか、二宮尊徳か聖徳太子あたりがいいねえ。うん、うん、うん。

里村　「いいね」ということは、違うわけですものね。

下村博文守護霊　いやいや、希望は、それは……。私は宗教家じゃないから、それを判定する立場じゃないんです。

## 九鬼総長候補に対し「大隈重信の過去世をよこせ」と迫る

里村　先ほどから、九鬼に〝嚙みつく〟ところを見ると、過去世において、何か九鬼に恨みがありますか？

下村博文守護霊　いや、ここはねえ、インチキの過去世を使ってると思うんだよ。これを早めに取り消したほうがいい。

九鬼　インチキ？

下村博文守護霊　うん、インチキを使ってるから。

里村　過去世のほうですか？

下村博文守護霊　だから、教団宣伝のために、インチキを使ってると思うから。今回、不認可になったことによって、彼が、早稲田大学の創立者でないことが証明されたわけだから、これでもう取り下げなさい。

そうしたら、一つ空くから。

里村　大隈重信でもいいと?

下村博文守護霊　ああ、大隈も一点、うん。だから、取りのけなさい、間違えたって。

里村　どうでございましょうか。要するに……。

下村博文守護霊　だって、世間が考えたって、「現職の文部科学大臣と、ただの宗教でウロウロしてるおじさんと、どっちが大隈重信の生まれ変わりか」っていったら、そんなもん、答えは決まってるじゃないですか。

「道徳の教科書に私の過去世が入るようにしたい」

里村　要するに、過去世では名もない方がいらっしゃるんですね。

下村博文守護霊　いや、私は名もない方だ。名もない方ですよ。

里村　（苦笑）下村さんの守護霊様は、名もない方、名前が遺っていない方ですね。

下村博文守護霊　そんなことはない。今、いっぱい立派な名前を出してるでしょ、それに匹敵するような人を。

里村　そういうふうに名乗りたい、と。

下村博文守護霊　今、道徳を必修化して、日本史の立派な方々を道徳の教科書に出そうとしてますから、そのなかに私の過去世が入るようにしたいんです、願いは。だから、それをちゃんと手伝いなさいよ。

里村　霊言は駄目だけど、過去世はいい？

下村博文守護霊　だからねえ、それを手伝わないでねえ、勝手に人を「信者だ」って、ギャアギャア外で言うんじゃないよ。言う以上、ちゃんと手伝えよ、こら。

里村　いえいえ。手伝いますので、本当のところを教えていただけますか。

下村博文守護霊　おお！　手伝うの？

里村　手伝いますよ。

下村博文守護霊　言った！　ああ、ああ、ああ、失言じゃないの？　手伝う？　よし、よし、よし、よし。

里村　本当のことを教えてください。そうしたら過去世の霊査を考えないでもないというか、「ああ、かわいそうだな。少しぐらい乗ってあげようか」ってなりますよ。

下村博文守護霊　まず、その、間違いのやつを削っとく必要がある。空けとかないかん。

里村　だから、本当のところをおっしゃってください。そうしたら、「乗ってあげようか」という気にもなるかも分かりませんから。

下村博文守護霊　安倍晴明っていうのは、〝永田町の管理人〟だよ。〝木の葉〟をねえ、お金に換えてるの。これ、安倍晴明の仕事だからな。

里村　永田町の管理人？

下村博文守護霊　ああ、だから、〝タヌキ、キツネ、妖怪の総元締め〟だからさ。永田町にいるんだから、こちらのほうは、わしは欲しいと思わんけどね。

里村　じゃあ、結局、どなたなんですか。

下村博文守護霊　うん、誰でもいいけど、まあ、とにかく偉い人だったらいいんだよ。

里村　偉い人なら何でもいいと。

下村博文守護霊　うん。偉い人ならいい。

里村　要するに、結論としては、「本当のところは名乗れない」と。

下村博文守護霊　いやいや、そりゃあ、総裁に決めていただかなきゃ。私は謙虚な信仰者だから、それは自分では言わない。

里村　分かりました。本当にそのような謙虚な信仰者なのかを含めて……。

下村博文守護霊　いや、総裁が、「下村大臣は、如来の生まれ変わりだ」と言っても、そりゃ辞退申し上げます。「それほど偉くありません。もう、本当に、『天照様が』とか、そんなことはありません。『天照様の身の回りのお世話をしていた者だ』とかぐらいだったら受けてもいいけども、そのくらいしか受けません」ぐらいの謙虚さを持ってたんですよ、私は。

里村　分かりました。では、本当にそのような方かどうかについて（笑）、下村さんのためにも、少し、別角度から探究を進めさせていただきますので、下村さんの守護霊様の話は、ここまでとさせていただきます。

下村博文守護霊　ああ、そうですか。

里村　はい。ありがとうございました。

大川隆法　はい、どうも（手を三回叩く）。はい。はい。帰ってください。

## 下村氏守護霊の霊言を終えて

大川隆法　（笑）今日は、多少、今までと違った感じになりましたか。

里村　はい。

大川隆法　朝ですからね（笑）、仕事モードなのかもしれませんが、彼なりに、言うべきことは言ったかもしれません。ただ、まずいことも言ったかもしれませんね。

里村　はい。

大川隆法　まあ、いいです。ただ、過去世にそれほど関心があるという以上は、霊言を信じているのでしょう。ですから、幸福の科学から出てきたものが意外だったのでしょうね。そういえば、この人の過去世については、何も触れていませんね。

里村　はい。そうなんです。

大川隆法　ええ。何も触れていないです。それがいけなかったわけですね。

里村　はい。

大川隆法　ですから、どのように視えるのか、（エドガー・ケイシー霊に）訊いてみましょうか。

里村　はい。お願いいたします。

# 第2部　下村大臣の過去世リーディング

二〇一四年十一月二十五日　収録
東京都・幸福の科学総合本部にて

## 1　下村大臣の過去世を明らかにする

大川隆法　（下村氏の過去世が）分かるかなあ？　これについては、私も少し自信がないんです。過去には、たくさんの日本人がいたかもしれませんが、名前が遺っている人は少ないですからね。

里村　ええ。

大川隆法　過去世が、教科書に載るような人だったらよいのですが、載らないような人だった場合は、寂しいですね。

里村　ええ。

大川隆法　うーん、教科書に載るような人だったらいいですね。

私は、業界といいますか、マスコミや宗教界では、極めて正直なほうだと思われていると思っているのです。

敵と思われるような者でも、正しいと思われることは認めるし、味方と思われる者や、自分たち自身にとって不利になることでも、それが真実だと思ったら、そのまま発表したりしていることがありますので、その意味では、そんなに賢くないのかもしれません。

現代の宗教のなかでは、比較的正直なほうだとは思っていますので、もし、こういう話が前提にあったとしても、下村さんの過去世に立派な方がいらっしゃるというのであれば、それはそれで、きちんと言います。いない場合は、しかたがないので、そう言わざるをえません。ただ、立派な人がいるかもしれませんね。

それでは、過去世リーディングに入ります。今のところ、エドガー・ケイシーさんによる霊査が、比較的分かりやすいことが多いので、エドガー・ケイシーさんのほうに、下村さんの過去世リーディングを行ってもらおうと思います。

エドガー・ケイシーの霊よ、エドガー・ケイシーの霊よ、エドガー・ケイシーの霊よ。どうか、幸福の科学総合本部に降りたまいて、下村博文文部科学大臣の過去世鑑定をお願いしたいと思います。下村博文の過去世鑑定をお願いしたいと思います。

エドガー・ケイシーの霊よ、エドガー・ケイシーの霊よ。どうぞ、幸福の科学総合本部に降りたまいて、下村博文の過去世鑑定をお願いしたいと思います。

（約十秒間の沈黙）

●エドガー・ケイシー〈1877 ～ 1945〉アメリカの予言者、心霊治療家。「眠れる予言者」「20 世紀最大の奇跡の人」などと称される。（『エドガー・ケイシーの未来リーディング』参照）

## 2　江戸時代は「骨董品を売りつける商人」

### エドガー・ケイシー霊に視える「下村氏の過去世の姿」とは

里村　エドガー・ケイシー様、今回も、また、お力添えを頂きまして、まことにありがとうございます。

エドガー・ケイシー　うーん。

里村　今ほど、下村博文氏の守護霊が来ておりまして、いろいろと、過去世について、「リンカン様であるとか、あるいは、二宮尊徳様、聖徳太子様、ソクラテス様であってほしい。そういうことにしてほしい」と、おっしゃっていましたが、私どもとしては、真実を追究する、真理を追究する団体としての立場から、ぜひ、真実のところを、エドガー・ケイシー様からも霊査していただきたいと思います。

エドガー・ケイシー　うん。

里村　まず、今ほどの下村博文の守護霊に関して、エドガー・ケイシー様には、どのような姿にお視えになっていたでしょうか。

エドガー・ケイシー　うーん……。（約五秒間の沈黙）うーん……。まあ、よくしゃべる方ではあるわなあ。

里村　しゃべる……。

エドガー・ケイシー　うん、うん。よくしゃべる方だわねえ。

里村　はい。

エドガー・ケイシー　だから、基本的には、これは、商売人なんじゃないですかねえ。

里村　ああ。商売。

エドガー・ケイシー　ええ。商人……、商人だと思いますけどねえ。

里村　下村大臣の守護霊は、服装的には、どのような格好であったのでしょうか。まあ、これは、時代を見るための質問なのですけれども、もちろん、ネクタイなどをしたスーツ姿ではないのですよね？

エドガー・ケイシー　ああ。そんなに現代ではないねえ。服装は、ちょっと表現が難しいんだけども、うーん……。まあ、イメージ的に言うと、骨董品《こっとうひん》なんかを売る感じの商人だねえ。

里村　骨董品を扱う？

エドガー・ケイシー　つまり、侍《さむらい》屋敷なんかに行って、「掘り出し物があります」と言って売りつけたりしているような感じかなあ。あとは、金持ちのお宅へ行って、「こういう掘り出し物があります」とか言って、そんなようなものを持っていって売ったりしてる。一生懸命、口上を言っているような感じが視えてくるから……、まあ、これは、江戸時代ぐらいかな？

里村　江戸ですか。

エドガー・ケイシー　うん。

里村　江戸時代の侍屋敷に行ったりしているということですね？

エドガー・ケイシー　うーん……。まあ、骨董品というか、ちょっと珍しいものなんかを仕入れてきて、それを高く売りつける仕事をしているな。今、出ていた人は、そういう人だと思います。

「お金に換えよう」という気持ちがすごく強かった商人時代

里村　教育とは、何か関係があったのでしょうか。

エドガー・ケイシー　うーん、教育は関係ないなあ。

里村　ない？

エドガー・ケイシー　ああ。刀剣から壺から、いろいろとやっているし、「この名刀は……」とか、いろいろ言ったりしているなかには、そうであるものもあるけど、そうでないものも入っているような感じで……、うーん。実際上の名刀が入ってる場合が三割ぐらいはあるけど、七割ぐらいは、そうでないものを「○○作」とか言うて、まがい物も売ってはいるね。

里村　インチキ骨董屋という（苦笑）……。

エドガー・ケイシー　うーん……。それもやってるし、茶の湯の道具などで、茶釜やいろいろなものを、「千利休《せんのりきゅう》の○○だ」とか、いろいろなことを言って売っている。まあ、たまに合ってるものもあるけど、全部が全部じゃないです。この人は利幅を稼ぐのがすごく上手な方ではあるようだなあ。相手を説得して言いくるめる術を持ってる感じはあるねえ。

里村　侍屋敷などに出入《でい》りしていたということであれば、商人として、政治ともつながろうとしている姿が、お視えになりませんか。

エドガー・ケイシー　それは、もちろん、そちらにも関係あるわねえ。そういう裏金づくりとか、そういうのには関係はあるだろう。

この人は、例えば、「藩のお金で、高くお買い上げくださったら、もちろん、一部は、包んで渡します」みたいなことができる方だな。

里村　ああ……。

九鬼　名のある大名の方などと、何か関係はありますでしょうか。

エドガー・ケイシー　うーん……。江戸のようではあるんだけども、大名屋敷に限らず、けっこう節操なく、いろいろなところに出入《ではい》りしているような感じはするねえ。

九鬼　将軍家とのつながりではないという感じですか。

エドガー・ケイシー　将軍家までは届かなかったんじゃないかなあ。藩の屋敷ぐらいまで、江戸藩邸ぐらいまでは届いたんじゃないかな。

木村　そのときの経験も踏まえて、今世は、許認可権を持っているので、この許認可権自体を、お金に換えよう、あるいは、票に換えようという傾向性を持っておられる方ですけれども……。

エドガー・ケイシー　許認可権……。まあ、そうだね。とにかく、お金に換えようという気持ちは、すごく強いんじゃないですかねえ。何かをお金に換えようとする気持ち、お金になるものは換えるっていう気持ちが強い感じはする。

里村　そのときに、宗教などと、何か関係はあるようでしょうか。

「薬師《くすし》」や「風水師」「陰陽師」とも付き合っていた

エドガー・ケイシー　うーん……。ああ。薬とかの仲介みたいなのも、少しやってたかもしれないね。

里村　はあ。薬……。

エドガー・ケイシー　当時の薬は、今みたいに効くものではないけども、まあ……。そうだね。薬商人なんかとも、ちょっと付き合いはあるねえ。だから、武家屋敷に出入りする際に、ついでに、そういう薬なんかの仲介をするみたいな。そういうのも、ちょっと、やってるような感じはするね。

里村　例えば、「薬」というと、当時から、「越中の薬売り」ということで富山は有名ですけれども、そういうところともつながっていて、やはり、これも、〝インチキ薬〟が多いわけですか（笑）。

エドガー・ケイシー　うーん。「効くかどうか」なんか、分かりませんから。それは、あれですが。まあ、たぶん、薬師《くすし》、薬を処方する人あたりとも組んでるし、仕入れ先とも組んでると思いますけども。なんか、そういうように組んでやってますね。

里村　そういうところについて、当時の信仰の持つ、要するに、「効験《こうけん》あらたか」「御利益あらたか」というあたりで、けっこう宗教を使っていたのでしょうか。

エドガー・ケイシー　ああ、ありますねえ。お札とか、お参りとかね。まあ、実際、行くのに時間も距離もかかるから、「代わりに、誰かが行って取ってきた」みたいなやつを、「実際に行ってきました。やっておきましたからね」みたいな感じで代用する代理祈願をしたり、仕入れ？　お札とか、お守りとか、御神水とか、御神酒《おみき》とか、そういうようなものを一部、取り扱ったりもしてるね。

里村　ああ。江戸時代は、比較的、政治が安定して、そういう部分がすごく盛んになりましたので、いろいろな宗教心も……。

エドガー・ケイシー　まあ、だから、宗教の部分も、一部、入っているね。病気治しのところにも関係があるけどね。それも、一部、入っている。

里村　はあ……。

エドガー・ケイシー　それと、なんか、やっぱり、吉凶占いみたいなのも、そうとう、あるみたいなので、いわゆる「陰陽師《おんみょうじ》」のような感じの人みたいな、「風水師」とか、「陰陽師」とか、そういう者あたりとも付き合いがあって、「なんか、幸・不幸が続いたりするようなときに、そういう紹介をしたりして、つないで、手数料をもらう」みたいなこともやってるね。いろいろなことをやってるね。けっこう、マルチにやってますね。

里村　ああ、そうですか。商家として、商人としては、かなり大きい感じでございますか。

エドガー・ケイシー　うーん……。どうかねえ。まあ、そんなに大きな「何とか家」っていう、財閥のもとになるような大きなもんではないと思いますね。かなり、一代の自分の才覚でやってる感じがする。

里村　うん。

木村　その骨董品業を拡張していく上において、口利きといいますか、先ほどから、ずいぶん、われわれに対しては、「賄賂の強要」のようなかたちのことを、おっしゃられたのですけれども、「そうした賄賂を使って、うまく政治的にもやっていく」というようなことは、なされていたのでしょうか。

エドガー・ケイシー　もちろん、そうでしょうね。だから、そら〝勝手口〟から、あるいは、「下っ端から順番に落としていく術」は知っているでしょうねえ。

里村　はい。術は……。

エドガー・ケイシー　うーん。周りから、きちんと固めていくのは知っていると思いますねえ。

## 「錬金術の発想」が現世の政治家的発想につながっている?

里村　ケイシー様がご覧になって、「そうした一商人であった人間が、今回、政治家を志す」という、ここの〝ワープ〟というか、「どうして、そうなるのか」というのは、何かお視えになりますでしょうか。

エドガー・ケイシー　まあ、都議でしょう?　元この人は。

里村　はい。都議です。

エドガー・ケイシー　うーん。まあ、そのあたりまでは、やってたのかもしれませんね、本当はね。だけど、「大川隆法」という偉い先生に、「大臣になるかもしれない」と言われたとかいうようなことを上手に使って、売り込みをかけたね。

里村　はい。

エドガー・ケイシー　で、まあ、虚像を膨らませて、なかで、だいぶ取り入った部分はあるのと、そういう商人の経験があるので、うまく隠して、人を盛り立てるような技を持っていることは持っている。

だから、安倍総理だろうが、ほかの人だろうが、何となく上手に持ち上げて、自分は欲がないように、彼らに見せることができる。ほかの人には、違うように見えてるんだけど。そういう、彼を使おうとしてる人には、なんか、欲なく、忠誠心があって、一生懸命、世話をしながら働いてるような感じの人に見えているところがあるんだな。

里村　まあ、霊言のときもそうですし、「自分が苦学して」という部分を、すごく前に出しているのですけれども、そういう部分も含めて、自分を飾るのが、やはり得意なところが、過去世からずっとあるのですか。

エドガー・ケイシー　資本主義のことを言っていたようだが、基本的に「錬金術」が発想にあると思うね。だから、「お金に換えられるかどうか」ということを常に考える習慣を持っています。この習慣が現在、政治家をやるのに役に立っているんだと思いますね。

木村　お金と票ですね。「票に換えられるかどうか」というスタンスも含めて。

エドガー・ケイシー　うん、うん。「お金に換えられるかどうか」ということをすごく考えつくことができるわけです。学問的なことに情熱がある人であれば、文科大臣みたいなものをやっても、ちゃんと学問的な立場からだけ考えようとするだろうけれども、この許認可権がせっかくあるのに、これをお金と票に換えられないというのは、実に残念なことではないですか。ねえ?　「どうやって、それを換えられるか」ということを考えるわねえ。

だから、「いろいろと無理難題を出したら、普通は努力するものでしょう?」ということを考えているんだろうとは思う。むしろ、君たちのほうが「武士の商法」をしているように彼には見えているね。

里村　江戸時代の商人というと、例えば、伊能忠敬があの当時……。

エドガー・ケイシー　いや、それは……。

里村　もちろん違います。要するに、伊能忠敬のように商人でありながら、学問への探究心が非常に強く、地図をつくった人もいたわけですが、この方の過去世、今の守護霊は、江戸時代において、学問への情熱を持ち、学問を希求したようなことはあったのでしょうか。

エドガー・ケイシー　まあ、「そろばん」はね。

里村　そろばん（苦笑）？

エドガー・ケイシー　そろばんというか、お金の計算はできたんじゃないですかね。それはできたんじゃないですかねえ。そういう意味では、いろいろ仕入れるのに必要な商品知識が学問なのかもしれませんが。商品知識というか、「売り物としての口上がつくれる知識と技術を持っていた」というところはあるかもしれませんねえ。

だから、あなただったら、おそらくは湯飲み茶碗が出てきてヒビが入っていたら、「これは誰それ作でいいものだったんですけど、ヒビが入ってもう使いものになりませんので、申し訳ございませんが、この程度の値段だったら、お買いいただけますか」みたいなことを言うんだろうけど、この人がやると、全然違って、「これが誰それ作ですけど、このヒビの入り方がとってもいいんです。こういうヒビが入っているものは、値打ちものなんです。実際は実用に耐えませんけれども、使わないからこそ、値打ちがあるんです。こういうヒビの入り方をした、この人の作はめったにないんです」というかたちで売り込みます。

そういう売り込み方ということでは、ずっと上手だと思いますね。

里村　江戸時代の商人だった下村さんの守護霊をさらに遡《さかのぼ》ると、ずっとそういうかたちなのでしょうか。

エドガー・ケイシー　遡りましょうか。

里村　はい、お願いいたします。

## 3 法然《ほうねん》・親鸞《しんらん》の「島流し」の原因をつくった「手引き役」だった

宮中に出入りし、女官を集会に参加させた「念仏門徒」

エドガー・ケイシー （約二十秒間の沈黙）念仏宗にちょっと関係があるような感じがしますねえ。

まあ、御利益信仰かなあ。関係はあるねえ。念仏宗に関係があるような気がする。なるほど。宗教に関心があるはずだね。

だから、法然、親鸞等は島流しに遭ったことがあったと思いますけども、その理由の一つに、「宮中の女性たちが信者になって集会に参加していた」とかいうようなことがあったと思うんです。

そんな「手引き役」みたいな感じで出入りしていた人なのではないかと思います
ねえ。手引き役。ある意味では、法難の原因にはなったのかもしれないけども。
宮中の女御たちですね。天皇か、上皇でしたか知りませんが、出かけているから、
「今日は留守だから大丈夫だ」というので、念仏の集会に呼び出して連れていった
りするような、仲介みたいなのをやっているから、信者ではあるんでしょうけど。
そういう渡りをつけるような感じの仲介の仕事をやっている感じがしますねえ。
だから、たぶん宮中に出入りしていた何かそういう御用達の方で、在家信者だっ
た方かと思います。

里村　在家門徒ですか。

エドガー・ケイシー　それで、たぶん念仏宗ですね。間違いなくそうだと思います
ね。

まあ、宮中の人を引っ張っていたところが、伝道したようにも見えるけども、法難を呼び込んだ部分もあるような気はしますね。

里村　ああ……。

エドガー・ケイシー　そういう複雑な立場になった人だね。ただ、自分は難を逃れていますね、ちゃんと。

里村　難を逃れているのですね？

エドガー・ケイシー　だから、自分は法難に連座することはなかったと思いますね。

里村　ああ……。

エドガー・ケイシー　そこが、上手に〝逃げて〟いますね。

九鬼　それは、「信仰を捨てた」ということでしょうか。

エドガー・ケイシー　いやあ……、「姿をくらますのがうまかった」ということだと思いますけど。

九鬼　舞台は京都の街ということですね？

エドガー・ケイシー　そうですね、ええ。

法難を呼び込み、自分は処罰を逃れた

里村　そのときも、宮中でつなげるとか、やはり「自分自身の利」というものとも重なって……。

エドガー・ケイシー　やっぱり、何らかの商人的なあれはあったんだと思うけど……。

このころはたぶん……、着るもののほうじゃないかと思うんですね。着物系だと思うんですが、それで出入りできたんじゃないかと思うんですけどねえ。だから、反物《たんもの》とか、そういう、いろいろなものをやっていたから、これは呉服屋ですか？

里村　はい。呉服商ですね。

エドガー・ケイシー　今で言えば、呉服商だね。

里村　ええ。

エドガー・ケイシー　呉服商みたいな役で出入りしていたんだと思われますけども。だから、そこで女御たちと付き合いが生まれて、要するに、信仰に導いたのは導いたかもしれませんけど、結果的には、法難を呼び込んだ部分はあったかもしれませんねえ。

ただ、姿をくらますのは早かったようでありますから。上手に逃げたようで、自分が連座することはなかったね。

たぶん、宮中の女御たちは死罪になっているはずで、法然や親鸞は島流しですね。

里村　はい。

エドガー・ケイシー　そうなっているはずですけど、自分は処罰を受けてませんねえ。うまく逃げているね。

里村　そうすると、江戸時代は侍屋敷、京都のころは公家《くげ》屋敷と公家衆のほうに入って……。

エドガー・ケイシー　今あるような立場にちょっと似たような体験はあるのかもしれませんねえ。いろいろな偉い人との間を取り持つような関係ができたのかもしれませんけどねえ。

確かに、「資本主義の精神」をお持ちだっていうのはそのとおりで、ものを売るのはうまいと。

まあ、「物売り」と「信仰」とがつながっているところはあるんじゃないですかねえ。

当時の「新宗教」である念仏宗に飛びつき、客を増やした

木村　そのときに、「学問」とか「教育」については、それほど深いかかわりはないということですね？

エドガー・ケイシー　いやあ、念仏をやったんじゃないですか。学問かどうかは知りませんけども。まあ、〝南無阿弥陀仏〟をやったんじゃないですかね。

里村　ただ、それはあくまでも「現世利益」の部分が目的で、本人が純粋な信仰心から浄土を求めたという感じではなかったのでしょうか。

エドガー・ケイシー　うーん……、（念仏宗は）ちょっとにわかに流行ってきた新

宗教ではあったので。もう新しいものに飛びついて、何か流行っているとき、信者が増えるときっていうのは新しいマーケットができるときであるので、それに乗じることができるんですよね。

里村　はい。

エドガー・ケイシー　だから、選挙で言えば、「名簿が取れる」じゃないけども、自分の客筋を広げることができますので。「そういう新宗教は客が増える」っていうことをよく知ってるんだと思いますね。

里村　そういうもとが、結局、そのころからあったわけですね。

エドガー・ケイシー　まあ、そういう意味では、経験はいろいろあったんじゃないかと思いますけどねえ。

## 4　奈良時代に「貨幣の質の調整」をしていた

価値のないものを「価値のあるもの」に見せるのが得意？

里村　このまま下村氏の過去世を〝掘って〟いても、そんなに歴史に名前がある人が出てくるわけではないと思います。

エドガー・ケイシー　はい。

里村　実際に、その京都で動いたり、あるいは江戸で動いた人は、名前が遺っておりませんよね。

エドガー・ケイシー　これは無理でしょう。

里村　無理ですね。

エドガー・ケイシー　それは、よほどの専門家でもなければ、ちょっと無理だと思いますねえ。

里村　はい。

エドガー・ケイシー　名前は無理……。少なくとも日本史の教科書に入れるのは無理だと思います。

里村　今日の守護霊の言葉を聞いていても、〝木の葉〟をお金に換える話とかが出たり、今、ケイシー様がおっしゃったように「姿をサッとくらます」という感じで、私には、人間と思えない部分があるんです。

過去世で見ますと、人間以外の霊存在、例えば、妖怪であるとか、あるいは、そのものずばりタヌキであったとか、このへんはいかがでございましょうか。ケイシー様からご覧になって……。

エドガー・ケイシー　（笑）いや、ある意味で頭がいいんだと思いますよ。何て言うか、価値のないものを価値のあるようなものに見せたり、これから流行ってくるものが分かったりする意味で、利に聡《さと》いので。

まあ、そういう意味では、商店をやっても、急に〝当たる〟ようなことはできる人かなとは思います。学習塾をやったとしても、もしかしたら、そこそこやれたかもしれませんね。

だから、商売気はあるし、人脈をつくるのはうまいわねえ。それから、人との身分の上下がある関係のところを、何て言うのかな、「上手に落差を埋める術」は心得てるわね。言うだけのことはあって、よく知ってる。

そのもう一つ前は、奈良の時代に生まれてます。うーん、貨幣の鋳造をやってたところですね。

私は、よくは知りませんけども、あれには、金だとか銅だとか青銅だとか、金属を使ってたはずですが、「そのなかの含有量どう決めるか」っていうような仕事あるじゃないですか。「どの程度の混ぜ物にしてつくるか」というね。

里村　はい。

エドガー・ケイシー　それで、貨幣の数を増やしたり減らしたりする、今で言うと、日銀的な貨幣通貨の流通に当たるあれかと思いますが。この貨幣の質を調整して、量をふくらませたりする、そういう品質管理のところの仕事をしてたと思われます。

里村　ああ、その仕事ですと、ちょっと……。

エドガー・ケイシー　当然ながら、値打ちのあるものを減らして、そうでないものの率を増やして、お金が増えるように見せる仕事のほうを中心にやってたのは間違いないですね。

里村　いわゆる「悪銭」ですね。

エドガー・ケイシー　そう、そう、そう。「悪貨は良貨を駆逐する」の、悪貨をつくるほうの、そういう指示を出す立場にあるような、これは役人かな。

里村　ああ。

「日銀がお金を出せば財政赤字がなくなる」
という考えにつながっている？

エドガー・ケイシー　まあ、役人だけど、「商業性」はあるわね。貨幣とか、初期貨幣経済と関係があるので、確かにこの人がおっしゃるとおり、合ってるところとして、「資本主義の精神」は流れてはいるから、（過去世が）二宮尊徳と言いたかったのは、気持ちは分からないではないけども、若干、「道徳」の部分が足りないようには見えるね。

里村　ああ。

エドガー・ケイシー　「道徳」が足りないのと、顧客ロイヤリティっていうか、お客さんが信じてついてくるだけの「誠実さ」っていうのが十分ではないようには思われる。これは、魂的な問題点なんじゃないでしょうかねえ。

里村　はあ。

エドガー・ケイシー　この人が、付き合いができる範囲で、自分に利益がある間は、人とうまく付き合えるけど、利益がなくなった場合は、やっぱり〝切って逃げる〟のは、うまい人だと思いますねえ。そういう意味で、人情味よりも利益のほうを優先するから、自分で考えれば、「理性的な人間」と思ってるだろうと思いますね。

里村　悪貨鋳造で、結果的には悪性インフレを呼んで庶民が苦しむ……。

エドガー・ケイシー　そう、そう、そう。

里村　そういう結果を生んでるんですけども、その仕事というのは、何か現代の仕事とつながっているように……。

エドガー・ケイシー　今のアベノミクスとも、ある意味で連動はしてるかもしれませんねえ。多少、組みやすいんじゃないでしょうか。

里村　昨日あたりに、地上の下村さん本人は、街頭演説で、「アベノミクスを成功させるんだ」とか、「子供たちに教育を通じてチャンスを与えるんだ。つくるんだ」と息巻いておりました。このへんは、どういうふうに考えて……。

エドガー・ケイシー　だから、タダの教育を増やすと「自分の票」に変わるのを、みんな知ってるんだと思います。それで、恩恵に浴する。これも〝賄賂〟ですよ、はっきり言えばね。

里村　そうです。

エドガー・ケイシー　だから、今まで有料だったものを無料にしていけば、無料にされて、恩恵にあずかった方々は、票を入れるようにはなるでしょうね。

だから、まあ、そのへんについての〝錬金術〟はよく知っているというか、自分の職業上プラスになることは、よくご存じなんじゃないでしょうか。

それで、当然、財政赤字が起きますわね。その財政赤字のところをどうするかということですけれども、それは、日銀が幾らでもお金出せば済むということですから、ちゃんと合っているんです。考えようとしてはね。

里村　ええ。

## 「妖術」を使う「商人の妖怪」に分類される？

エドガー・ケイシー　ただ、資本主義の精神とは根本的に違う部分があるとしたら、まあ、二宮尊徳もそうかもしれないけども、少なくとも西洋の資本主義のほうには、その中心にキリスト教精神のようなものが流れていた。資本主義のなかに「禁欲の精神」みたいなものと、「神の栄光のために、地上において繁栄するんだ」というふうな精神が流れていたんだけど、彼の問題点としては、この部分がかなり自分中心になっているところが挙げられるでしょう。まあ、そういう人でしょうか。

里村　はい。

エドガー・ケイシー　商業というものも、ある意味では、そういう「騙しのテクニック」や「化けるテクニック」等を持っている面もあるので、それが「妖怪」のところにつながっているかといえば、一部つながっている面はあるかもしれません。だから、そういう「政治家の妖怪」もいるんだろうけども、やはり、「商人の妖怪」もいるんだろうと思いますね。

そうだねえ……。まあ、日本の妖怪ではずばり、〝お金が化けた妖怪〟というのは、そんなにはいないのかもしれませんけれども、そちらのほうに関係のある妖怪といえば、そうかもしれませんね。あえて言えば、そういうふうに分類できるかもしれません。

里村　ええ。

エドガー・ケイシー　要するに、何か化学変化を起こして、違うようなものに変えることには、とても関心がある方であるので、まあ、それは「妖術」といえば「妖術」ですから。

里村　はい。

エドガー・ケイシー　そういう意味では、陰陽師みたいなものに対しても、非常に対抗心を持っていますね。そういうものを持っていると思います。

里村　ああ、なるほど。確かに、浄土宗、念仏宗のころは、まだ陰陽師もわりと表に出ていましたから。

エドガー・ケイシー　たぶん、アラビアのほうに生まれたら、やっぱり、そういうマジシャン風のものとして現れるタイプの人でしょうね。

里村　もう一点ですが、今日、お金に対する執着あるいは学歴に対する執着などについて何回も話していて、コンプレックスが非常に強いと思うのですが、このコンプレックスの根源のところについて、ケイシー様に思い当たる点はございますでしょうか。

エドガー・ケイシー　うーん……。いやあ、そういう意味で、お金に換えたり、人をうまく釣り込んでいくようなところの頭のよさはあるんだろうと思うんですよ。

里村　はい。

エドガー・ケイシー　この頭のよさと、正統な世界での頭のよさで測られるものとに、ちょっと何かズレがあるんですよね。頭のよさのズレがあるのだけれども、そういう人が文科大臣というところに座って、普通の学力を測定したり、偏差値的な学歴秩序社会をつくらなきゃいけないような立場になったわけです。

ただ、本当はそんなものではなくて、〝木の葉〟を一万円に変える術を教えたいのに、一万円を一枚ずつ数えるような、あるいは計算機を使うような時代に入って、今、科学が進歩しています。

けれども、本人自身は、本当は科学が嫌いなんですよ。「（霊言は）科学的ではない」とか言っているけれども、科学は嫌いです。科学は嫌いで、好きなのは〝化学《ばけがく》〟です。

里村　ああ（笑）。

エドガー・ケイシー　そうした〝錬金術〟風に何かを変化させ、別なものに変えて、値打ちを高く見せるようなものは大好きだけど、いわゆる「科学」、サイエンスは嫌いだと思いますね。

里村　はい。

エドガー・ケイシー　だから、幸福の科学に期待しているものは、「自分が成功したいと思ったら、それを錬金術風に助けてくれるようなテクニックを教えてくれるなら、いい宗教だ」とは思っているけど、そういうものを何も教えてくれずに、「普通に努力をして、汗を流せみたいなこと言うなら、これは、あまり大した宗教ではないな」というぐらいに思っているでしょうね。

## 5　今の「アベノミクス」の「闇の部分」を体現している

### 「百五十億の建物を建てたら、一割は手数料としてよこせ」が下村氏の論理？

木村　もう一つ伺いたいこととして、今回、ちょうど幸福の科学大学を認可する文科大臣の立場に巡り合っているわけです。実際、十月末に「不認可」という結論を彼が出しているわけです。

釈尊の時代の仏教や、ギリシャのヘルメスの時代等に学園を持っていたのかどうか分かりませんが、今回は大きな宗教弾圧だと思います。そう考えると、そういう宗教弾圧をする立場に置かれたような過去世を持っておられるのでしょうか。

エドガー・ケイシー　いや、彼の考えは、そうじゃないんですよ。だから、「一割ぐらいは手数料を」と思ってるんです。まあ、百五十億の建物を建てたら、十五億分は手数料として、何らかのかたちで反映しなきゃいけないと思ってるんです、頭のなかでは。

木村　はあ。

エドガー・ケイシー　その十五億を現金にするか、ほかのものにするかは別として、それ相当ぐらい分のお世話料ぐらいは、何らかのかたちで姿にしてもらわなきゃいけないから、君たちがやってる努力は全然、採算が取れないというふうに見てると思います。

里村　口ではですね、現世において、今、選挙演説でも、「日本の大学教育を、いいものにするんだ」とか、「それで日本の国力、国益を増すんだ」みたいなことを言ってるんですけども、そうすると、そういう部分というのは、全然、彼の……。

エドガー・ケイシー　いや、彼は、学校が持っている利権については十分に知ってると思いますよ。だから、学生時代に塾をやってたんだと思う。まあ、塾で学費を稼いでたんだと思うけども、やっぱり学歴も、今言った〝錬金術〟になる可能性があるので。特に資格なんかが要るところでは必要になって、学歴を持ってないと取れない資格がいろいろありますから、〝錬金術〟になりますよね。

司法試験で資格を取ろうとしたら、やっぱり法学部を出たり、法科大学院なんかを出たりしているのが普通のルートです。大学を出てないのに、司法一次から受かってやるような、すごい遠回りの勉強をしなきゃいけないのは努力が要りますよ。そういう意味で、資格を取るために学校を卒業するというようなことが、将来、食いっぱぐれなく職業に就くための、一種のパスポートになりますよね。

それで、その〝パスポートの発行料〟を、何らかのかたちで取れば……。つまり、学校ってのは日本全国に広がってますので、日本全国から〝パスポート代〟として自分に集めることができて、ある意味で政治的な信仰心として集めることができれば、総理大臣だって夢じゃないと考えてると思いますね。

## 「幸福の科学大学の目標」は下村氏自身が言いたかったこと

里村　今、ケイシー様に、過去世も含めてご覧いただきましたけれども、こういう方が、今後日本において政治家として活躍するべきかどうかという点について、ケイシー様のお考えはいかがでございましょうか。

エドガー・ケイシー　まあ、資本主義のなかには泡《あぶく》みたいなものがありますから、完全に否定はしません。まあ、こういうもののなかから産業が出てくる場合もあるから、それを否定はしないですけども、ただ、今の「アベノミクスの闇の部分」をちゃんと体現してるんじゃないでしょうかねえ。私はそう思いますよ。

本当は木村さんとかにも、かなり反発してるようには見えますけどもね。「英語教育をやって国際化を進める」とか、音頭を取ってるけど、自分自身がいちばん足りない部分を言ってるわけだから。まあ、「口利き」だけで儲けられるようにしようとしてるというところでしょうかね。本当は分からないからさ。まあ、そういうことがあるんじゃないですか。

だから、政府のお金に関係なく、勝手にいろいろな「いい教育」ができるなんていうことになったら、ちょっと困るわけで。幸福の科学大学が言ってる「目標」とかは、「文科大臣が言ったらかっこよかった目標」が多かったですからね。そういう意味では、面白くない面はあったかもしれませんね。

里村　うーん。

エドガー・ケイシー　だいたい、お役人も、自分の言うことをきそうなのを引っ張ってきたり、審議会のほうも、学者としては自信がないけど、なんかフットワークのよさや、〝番犬様〟みたいなことができるような人をちゃんと集めてきたり、こういうことができる人なんでしょうね。

里村　はあ。

エドガー・ケイシー　まあ、幸福の科学との縁はどうかですが、利益があれば関係は持てると思いますよ。利益がなくなる、相反すれば、そういうふうになる方ではあるけども、最後は上手に逃げることを考えるとは思いますので。

あんまり武将みたいな方ではないので、チャンチャンバラバラと、どっちかが勝つまで、「正義の実現」のために戦うような人ではないと思うので、それは見事に〝隠遁《いんとん》の術〟を使うと思う。〝土遁《どとん》の術〟かなんか知りませんが、〝忍術〟を使って消える。隠れると思いますね、上手に。

「大学が欲しかったら、幸福実現党を潰せ」が下村氏の本音？

里村　そうしますと、大学は別として、私はもう少し信仰心がある方かと思ったんですが……。

エドガー・ケイシー　いや、あると思いますよ。お金になるのなら。

里村　「自分に御利益があるなら」という部分での信仰ですね。

エドガー・ケイシー　まあ、こういう人だったら……。いや、意外に役に立つときもあるんですよ。在家で使えば、その御利益を理由にして広めたりするので、役に立つことはあるんですが、別な人が来て、それを告発したり、排除しようとしたりしたら、ぶつかりが起きるタイプの人ではあるわね。
そういう意味で、新興宗教の最初のころの〝旨み〟みたいなものはよく知っているると思うけど、大教団になってしまうと、〝旨み〟がなくなってくるんですよ。ある意味で組織がきっちりしてくるので、入り込みにくくて使えない。融通が利かなくなってきている。
幸福の科学も、〝旨み〟がだんだんなくなろうとしてきている段階ではあるんですよね。だけど、まだ、そこまで力がないものは、〝旨み〟があるところはけっこうあるんですよね。

里村　自分が庇護者でいられるころは、まとまると。

エドガー・ケイシー　そう。口利きが利く場合ね。だから、今回は書類審査みたいなので正攻法のほうで攻めてきたから、あまり自分の口利きがそんなに利かない部分があったんですよね。

里村　そこが腹が立った部分ですね。

エドガー・ケイシー　でも、本人の霊言かなんかにもあったと思うけども、「幸福実現党みたいな政党をつくってやったので、自分らを脅かす可能性もある」ということも、計算上には入っているんじゃないでしょうかね。

だから、本人は怒っているけども、「大学が欲しかったら、政党を潰せ」とか言っているのはかなり本音なんじゃないですかね。そのとおりなんじゃないですか。政党のほうを解散してくれれば、その信者組織は自分の応援団に変わるわけですから。

だけど、政党があれば、自分らに票は入らないですからね。だから、これはかなりの本音だと私は思いますよ。

里村　そこが、彼にとっての利益といちばんぶつかるところだったわけですね？

エドガー・ケイシー　そうそうそう。これが本音だと思います。

里村　なるほど。大学認可問題の本質は、「幸福実現党の解党」問題であったと？

エドガー・ケイシー　そうだと思いますね。認可したら、どうなるかというと、政党のほうも認められて、公党になってしまったら、敵になる可能性が十分ありますから、それを認可しないほうが自民党にとっても安泰だという計算が働きますわね。まあ、そういうことがあるんじゃないでしょうかね。

里村　はい。何と言っても、「国家が認めた」というかたちになりますから。

エドガー・ケイシー　認めたら、同じ選挙区で（候補者）が立ちますから。当然ね。それに力を与えたくはないわね。「利益を食《は》みたいのに、反対の不利益を生むことをするようなバカな人間ではない」という自己認識を持っている方ですね。

里村　なるほど。確かに、ほかの宗教系大学との違いは、創価大学は別として、政党を持っているか、持っていないかの部分が……。

エドガー・ケイシー　まあ、創価は別の意味があって、ちょっと難しいところはありましょうけどねえ。

いや、あそことおたくを勘違いし始めているところもあるんじゃないですかね。ボディーガードをいっぱいつけ始めているのは、創価学会と間違っているからだと思うんです。

里村　そうですね。

エドガー・ケイシー　創価学会ならやるようなことを、そろそろ幸福の科学もやるような時期に入ったんじゃないかと思って、恐れているんだと思いますね。

里村　（苦笑）

エドガー・ケイシー　まあ、あそこはもう少し裏からやるのがうまいと思いますけどね。

里村　「宗教」を隠しますね。

## 今の大学設置室長は〝クビ切り要因〟か

エドガー・ケイシー　そういう意味で、「大臣までなっているけども、なかなか政党にはお役に立てないところはある」ということだねえ。

だから、前の大学設置室長のほうは、「法律的に考えて、これ以上やれば、確かに宗教ゆえに大学の妨害にまで入っている」という感触はあったんだとは思いますけどね。宗教ゆえに、これだけいちゃもんをつけている。

だいたい、「学問の自由」があるし、実際上、経営の責任は建てるところが持つべきでありましょうから、文科省が持っているわけじゃありませんのでね。

だから、「財務省が予算をカットしている」というようなことも理由にしていたけども、実際上、全般については、文科省全面について、予算カットの圧力がかかっていたけども、幸福の科学大学を建てることに対しての圧力がかかってなかったことは、本当に明らかなので、これについては、財務省の側は、国家成長につながるものだったら肯定的に捉えていた面はある。ここのところが本当なので、これは理由にならなかったところはありますわね。

だから、総合的に見たら、やっぱり、それは、上が肯定的であれば通る可能性はあったと思います。ただ、少なくとも、大学設置室長なるものが、「手続き上のものは、全部クリアしております。ただ、宗教の霊言があるから認められません」というような、こんなのが「法律的に通る」と思ってるというところは、もう役所の横柄そのものだと思います。

最後を言えば、「大臣に不利益な霊言集を出したがゆえに不認可です」ということ、結論はこれだけなんですが、これをほかに言い換えるために、一生懸命、言葉を並べてるだけのことです。だから、今の室長は、お気の毒だけど、〝クビ切り要員〟だと思います。

里村　ああ……。あっ、そうですね。

エドガー・ケイシー　はい。〝潰す〟ための要員だと思います。君たちに潰されるために置いてある人です。

里村　はい。分かりました。

本日は、突然の場で、いろいろと霊査していただき、また、アドバイスをありがとうございました。これからも、本当に正々堂々と進めてまいりたいと思います。

エドガー・ケイシー　まあ、変なかたちで引っ掛かったかもしれませんが、いずれ、いろいろなところでぶつかってくるのは、大きくなっていく過程でしかたがないことであるので、何とか乗り越えていったらいいですよ。「最長五年」と言っていますが、ある意味で考えれば、「五年以上は、もう引っ張りようがない」ということでもあるので、大学になるのは確実なんですよ。

ただ、彼が、五年も大臣をやってるとは、私は思いませんから、もう少し早く、どうにかなるとは思いますよ。

里村　はい。本日は、まことにありがとうございました。

エドガー・ケイシー　はい。

## 6　下村氏守護霊霊言と過去世リーディングを終えて

大川隆法　（手を一回叩く）まあ、役に立ちますかね。

里村　はい。

大川隆法　もう一つ、文科事務次官もやらなくてはいけないですか？

里村　いや、もう十分です。

大川隆法　もういいですか。一つ残しておいたほうがいいですか。最後に、調整する人が誰かいないといけないのでしょうかね。

里村　いや、これ以上調べましても、ここは、やはり、永田町の論理と、真剣に、「日本のため、未来のために大学をつくろう」と考えている、こちらの宗教家の論理と、いかにズレがあるかというところで、これは、もうやはり……。

大川隆法　かなり分かりましたね。ですから、資料としては、いい資料ができたかもしれません。「宗教と政治の研究」に関しての資料としては、政治学科で使えそうな資料ができているかもしれません。

木村　われわれも、新しい大学の設置に関わった人から聞いたことがあるのです。「文科省から天下りを受け入れないと、なかなか認可は厳しいよ」と、はっきり言われておりました。

大川隆法　ああ、（当会職員で元文科省の）浅野さんがいたのに駄目だったの。うーん、今の室長たちより先輩ですよ（会場笑）。年齢は上でしょう。彼は五十近いのではないですか。

木村　四十七歳です。

大川隆法　文科省にしばらく勤めていましたから、もしかしたら、いちおう先輩として後輩を指導したかもしれません。

里村　はい。

大川隆法　前の室長よりも、年上なのではないですか。

せっかく、彼も麻布、東大と行って、文科省にも行ったわけですから。「天下りは、すでにいました」と言って、認可を取る前だけでも、もっと持ち上げたら……。やっぱり顔が悪かったかな。彼は、顔が怖かったかもしれません。いや、化粧をすれば……。

里村　いや、いや……（苦笑）。

大川隆法　普通は、おそらく、大学をつくる前に（文科省から）天下りを受け入れて、何かの役職を与えて、机と椅子と、お車か秘書か何かをつけて、やるんでしょう？　まあ、そのように聞いていました。

また、昔も、そう言っていました。「宗教法人格を取るためには、文科省から天下りを取らないと駄目だ」と。当会が、一九九一年に宗教法人格を取る前も、「文部省の天下りを取らないと認可が下りない」というのを聞いていまして、押し込みに、そうとうかかってきましたよ。

里村　ああ、なるほど。はあ……。

大川隆法　東京都庁で宗教法人格を取るときは、要するに、一般的には、たくさん申請が来れば認可するだけ、形式上のものだけなので、通さなくてはいけないのです。

ただ、あのときは一つも通さない状態に、もうなっていました。ですから本当は、形式上、揃っていれば、通さなくてはいけないので、形式上、通ってはいるものの、「われわれができることは、サボタージュ以外、何もないのです」と都庁の人たちは言っていました。

そして、都庁のほうからは、「幸福の科学さんは、認可しなかったら、暴れたりしないのですか。デモをしたり、チラシを撒いたりとか、都知事が次の選挙で落ちるとか、そうしたことをされたりする計画はないんですか」というような感じで訊いてきて、「『そういうことがある』というのであれば、早く下ろさないと、やはり、政治家も困りますからね」というわけで、向こうから「やれ」と言うような感じでした（会場笑）。「ああ、そういうことなのですか」と驚きました。

当会が認可される前々年ぐらいに、オウム真理教のほうは下りていたのです。なぜ下りたのかというと、「そうやって脅しまくられたので、通したのです」ということでした。まあ、それを勧められたわけではないのですが、その当時は、「暴れられるぐらいだったら通してしまう。痛みのほうが強いのならば通す」というようなことがあって、都庁の役人のほうから、「そうしてくれ。脅されたようにしてくれたら、書類が書けるから」と頼まれたので……。

里村　（笑）ええ。

大川隆法　今回は、まともに当たりすぎたのかもしれませんね。永田町のほうとは、少し論理が違ったのでしょう。永田町には「金銭」がついて、都庁にはついていなかったのかもしれません。金銭と票が、もう少し必要だったのかもしれませんね。

里村　これのズレというか、溝を埋めるのは、最後は伝道しかないと思いますので。

大川隆法　でも、当会も勉強しなければいけないことが、まだ残っているのでしょう。まあ、頑張りましょう。

里村　はい。頑張ってまいります。

木村　ありがとうございました。

# あとがき

妖怪《ようかい》は、人間としての実力の不足をまやかしによって達成し、人々を惑《まど》わす人物の中に存在するだろう。どこかに後ろめたさと、自己保身が残っているものだ。

私は、宗教家も政治家も正直さが重要だと思う。「信なくば立たず」である。純粋な人は、一見、この世的にはバカに見えるが、いつの日か、必ずや多くの人々に認められるようになるだろう。

本書には永田町の「処世術」と「政治過程論《かていろん》」が詳しく説かれているが、何も真似をする必要はない。みにくいものは、みにくいものとして看破《かんぱ》することも大切な人生修行だと信じる。

二〇一四年　十一月二十五日

幸福《こうふく》の科学《かがく》グループ創始者兼総裁《そうししゃけんそうさい》　大川隆法《おおかわりゅうほう》

## 『永田町・平成ポンポコ合戦』大川隆法著作関連書籍

『文部科学大臣・下村博文守護霊インタビュー』（幸福の科学出版刊）
『外交評論家・岡崎久彦――後世に贈る言葉――』（同右）
『大学設置審議会インサイド・レポート』（同右）
『安倍総理守護霊の弁明』（同右）
『額田女王、現代を憂う』（同右）
『早稲田大学創立者・大隈重信「大学教育の意義」を語る』（同右）
『誰もが知りたい菅義偉官房長官の本音』（幸福実現党刊）

永田町《ながたちょう》・平成《へいせい》ポンポコ合戦《がっせん》
――文科大臣に化けた妖怪の研究――

2014年11月26日　初版第1刷

著　者　大《おお》川《かわ》隆《りゅう》法《ほう》

発行所　幸福の科学出版株式会社

〒107-0052 東京都港区赤坂2丁目10番14号
TEL(03)5573-7700
http://www.irhpress.co.jp/

印刷・製本　株式会社 東京研文社

落丁・乱丁本はおとりかえいたします

ISBN978-4-86395-612-4 C0030
写真：時事／R. CREATION/SEBUN PHOTO /amanaimages

## 大川隆法シリーズ・最新刊

### 吉田松陰「現代の教育論・人材論」を語る

「教育者の使命は、一人ひとりの心のロウソクに火を灯すこと」。維新の志士たちを数多く育てた偉大な教育者・吉田松陰の「魂のメッセージ」！

1,500円

### 外交評論家・岡崎久彦 —後世に贈る言葉—

帰天後3週間、天上界からのメッセージ。中国崩壊のシナリオ、日米関係と日ロ外交など、日本の自由を守るために伝えておきたい「外交の指針」を語る。

1,400円

### 自由を守る国へ

#### 国師が語る「経済・外交・教育」の指針

アベノミクス、国防問題、教育改革……。国師・大川隆法が、安倍政権の課題と改善策を鋭く指摘！ 日本の政治の未来を拓く「鍵」がここに。

1,500円

※表示価格は本体価格（税別）です。

## 大川隆法シリーズ・最新刊

# ソクラテス「学問とは何か」を語る

学問とは、神様の創られた世界の真理を明らかにするもの――。哲学の祖・ソクラテスが語る「神」「真理」「善」、そして哲学の原点とは。

1,500円

# 安倍総理守護霊の弁明

総理の守護霊が、幸福の科学大学不認可を弁明！「学問・信教の自由」を侵害した下村文科大臣の問題点から、安倍政権の今後までを徹底検証。

1,400円

# 額田女王《ぬかたのおおきみ》、現代を憂う

『万葉集』の代表的女流歌人・額田女王が「目に見えない心」や「言葉に宿る霊力」の大切さ、そして、「現代の教育のあり方」を問う。

1,400円

幸福の科学出版

## 公開霊言シリーズ・文科行政のあり方を問う

### スピリチュアル・エキスパートによる 文部科学大臣の「大学設置審査」検証（上）

**里村英一・綾織次郎　編**

６人の「スピリチュアル・エキスパート」を通じ、下村文科大臣の守護霊霊言を客観的に分析した〝検証実験〟の前編。大学設置審査の真相に迫る！

1,400円

### スピリチュアル・エキスパートによる 文部科学大臣の「大学設置審査」検証（下）

**里村英一・綾織次郎　編**

下村文科大臣の守護霊霊言に対する〝検証実験〟の後編。「学問・信教・言論の自由」を侵害する答申が決定された、驚きの内幕が明らかに！

1,400円

### 大学設置審議会インサイド・レポート

**大学設置分科会会長 スピリチュアル・インタビュー**

数多くの宗教系大学が存在するなか、なぜ、幸福の科学大学は「不認可」だったのか。政治権力を背景とした許認可行政の「闇」に迫る！

1,400円

※表示価格は本体価格（税別）です。

## 大川隆法霊言シリーズ・政治家の本音に迫る

### 文部科学大臣・下村博文 守護霊インタビュー

大事なのは、財務省の予算、マスコミのムード!? 現職文科大臣の守護霊が語る衝撃の本音とは? 崇教真光初代教え主・岡田光玉の霊言を同時収録。

1,400円

### 文部科学大臣・下村博文 守護霊インタビュー②

**大学設置・学校法人審議会の是非を問う**

「学問の自由」に基づく新大学の新設を、"密室政治"によって止めることは許されるのか? 文科大臣の守護霊に、あらためてその真意を問いただす。

1,400円

### 副総理・財務大臣 麻生太郎の守護霊インタビュー

**安倍政権のキーマンが語る「国家経営論」**

教育、防衛、消費増税、福祉、原発、STAP細胞問題など、麻生太郎副総理・財務大臣の「国会やマスコミでは語れない本心」に迫る!

1,400円

## 大川隆法霊言シリーズ・「信教・学問の自由」を考える

### 内村鑑三「信仰・学問・迫害」を語る

プロフェッショナルとしての信仰者の条件とは何か？ 近代日本にキリスト教精神を打ち立てた内村鑑三が、「信仰論」と「伝道論」を熱く語る！

1,400円

---

### 矢内原忠雄「信仰・言論弾圧・大学教育」を語る

幸福の科学大学不認可は、「信教の自由」「学問の自由」を侵害する歴史的ミスジャッジ！ 敬虔なクリスチャンの東大元総長が天上界から苦言を呈す。

1,400円

---

### 南原繁「国家と宗教」の関係はどうあるべきか

戦時中、『国家と宗教』を著して全体主義を批判した東大元総長が、「戦後70年体制からの脱却」を提言！ 今、改めて「自由の価値」を問う。

1,400円

幸福の科学出版

# 幸福の科学グループのご案内

**宗教、教育、政治、出版などの活動を通じて、地球的ユートピアの実現を目指しています。**

## 宗教法人　幸福の科学

一九八六年に立宗。一九九一年に宗教法人格を取得。信仰の対象は、地球系霊団の最高大霊、主エル・カンターレ。世界百カ国以上の国々に信者を持ち、全人類救済という尊い使命のもと、信者は、「愛」と「悟り」と「ユートピア建設」の教えの実践、伝道に励んでいます。

（二〇一四年十一月現在）

## 愛

幸福の科学の「愛」とは、与える愛です。これは、仏教の慈悲《じひ》や布施《ふせ》の精神と同じことです。信者は、仏法真理をお伝えすることを通して、多くの方に幸福な人生を送っていただくための活動に励んでいます。

## 悟り

「悟り」とは、自らが仏の子であることを知るということです。教学《きょうがく》や精神統一によって心を磨き、智慧《ちえ》を得て悩みを解決すると共に、天使・菩薩《ぼさつ》の境地を目指し、より多くの人を救える力を身につけていきます。

## ユートピア建設

私たち人間は、地上に理想世界を建設するという尊い使命を持って生まれてきています。社会の悪を押しとどめ、善を推し進めるために、信者はさまざまな活動に積極的に参加しています。

### 海外支援・災害支援

国内外の世界で貧困や災害、心の病で苦しんでいる人々に対しては、現地メンバーや支援団体と連携して、物心両面にわたり、あらゆる手段で手を差し伸べています。

### 自殺を減らそうキャンペーン

年間約３万人の自殺者を減らすため、全国各地で街頭キャンペーンを展開しています。

公式サイト **www.withyou-hs.net**

### ヘレンの会

ヘレン・ケラーを理想として活動する、ハンディキャップを持つ方とボランティアの会です。視聴覚障害者、肢体不自由な方々に仏法真理を学んでいただくための、さまざまなサポートをしています。

公式サイト **www.helen-hs.net**

# 教育

## 学校法人 幸福の科学学園

学校法人 幸福の科学学園は、幸福の科学の教育理念のもとにつくられた教育機関です。人間にとって最も大切な宗教教育の導入を通じて精神性を高めながら、ユートピア建設に貢献する人材輩出を目指しています。

**幸福の科学学園**

**中学校・高等学校（那須本校）**
2010年4月開校・栃木県那須郡（男女共学・全寮制）
TEL **0287-75-7777**
公式サイト **happy-science.ac.jp**

**関西中学校・高等学校（関西校）**
2013年4月開校・滋賀県大津市（男女共学・寮及び通学）
TEL **077-573-7774**
公式サイト **kansai.happy-science.ac.jp**

幸福の科学大学
TEL **03-6277-7248**（幸福の科学 大学準備室）
公式サイト **university.happy-science.jp**

**仏法真理塾「サクセスNo.1」** TEL **03-5750-0747**（東京本校）
小・中・高校生が、信仰教育を基礎にしながら、「勉強も『心の修行』」と考えて学んでいます。

**不登校児支援スクール「ネバー・マインド」** TEL **03-5750-1741**
心の面からのアプローチを重視して、不登校の子供たちを支援しています。
また、障害児支援の**「ユー・アー・エンゼル!」運動**も行っています。

**エンゼルプランV** TEL **03-5750-0757**
幼少時からの心の教育を大切にして、信仰をベースにした幼児教育を行っています。

**シニア・プラン21** TEL **03-6384-0778**
希望に満ちた生涯現役人生のために、年齢を問わず、多くの方が学んでいます。

NPO
活動支援

学校からのいじめ追放を目指し、さまざまな社会提言をしています。また、各地でのシンポジウムや学校への啓発ポスター掲示等に取り組む一般財団法人「いじめから子供を守ろうネットワーク」を支援しています。

公式サイト **mamoro.org**
相談窓口 **TEL.03-5719-2170**
ブログ **blog.mamoro.org**

# 政治

## 幸福実現党

内憂《ないゆう》外患《がいかん》の国難に立ち向かうべく、二〇〇九年五月に幸福実現党を立党しました。創立者である大川隆法党総裁の精神的指導のもと、宗教だけでは解決できない問題に取り組み、幸福を具体化するための力になっています。

党員の機関紙
「幸福実現NEWS」

TEL 03-6441-0754
公式サイト hr-party.jp

# 出版メディア事業

## 幸福の科学出版

大川隆法総裁の仏法真理の書を中心に、ビジネス、自己啓発、小説など、さまざまなジャンルの書籍・雑誌を出版しています。他にも、映画事業、文学・学術発展のための振興事業、テレビ・ラジオ番組の提供など、幸福の科学文化を広げる事業を行っています。

アー・ユー・ハッピー？
**are-you-happy.com**

ザ・リバティ
**the-liberty.com**

幸福の科学出版
TEL 03-5573-7700
公式サイト irhpress.co.jp

THE FACT

**ザ・ファクト**
マスコミが報道しない
「事実」を世界に伝える
ネット・オピニオン番組

Youtubeにて
随時好評配信中！

ザ・ファクト　検索

# 入会のご案内

## あなたも、幸福の科学に集い、ほんとうの幸福を見つけてみませんか？

幸福の科学では、大川隆法総裁が説く仏法真理をもとに、
「どうすれば幸福になれるのか、また、
他の人を幸福にできるのか」を学び、実践しています。

### 入会

大川隆法総裁の教えを信じ、学ぼうとする方なら、どなたでも入会できます。入会された方には、『入会版「正心法語」』が授与されます。（入会の奉納は1,000円目安です）

**ネット**でも**入会**できます。詳しくは、下記URLへ。
**happy-science.jp/joinus**

### 三帰《さんき》誓願《せいがん》

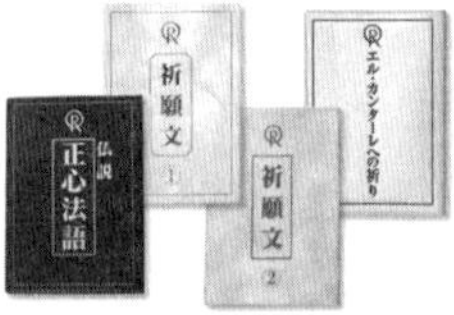


仏弟子としてさらに信仰を深めたい方は、仏・法・僧の三宝への帰依を誓う「三帰誓願式」を受けることができます。三帰誓願者には、『仏説・正心法語』『祈願文①』『祈願文②』『エル・カンターレへの祈り』が授与されます。

### 植福《しょくふく》の会

植福は、ユートピア建設のために、自分の富を差し出す尊い布施の行為です。布施の機会として、毎月1口1,000円からお申込みいただける、「植福の会」がございます。

「植福の会」に参加された方のうちご希望の方には、幸福の科学の小冊子（毎月1回）をお送りいたします。詳しくは、下記の電話番号までお問い合わせください。

月刊
「幸福の科学」

ザ・伝道

ヤング・ブッダ

ヘルメス・エンゼルズ

INFORMATION

**幸福の科学サービスセンター**
**TEL. 03-5793-1727**（受付時間 火～金：10～20時／土・日：10～18時）
宗教法人 幸福の科学 公式サイト **happy-science.jp**